当代资本主义动态

郭业洲　主编

人民出版社

编辑委员会

目　录

资本主义当前困境与国际秩序未来走向（代序）　/ 001

综 合 篇

西方各界对资本主义当前困境的认识　/ 003

西方各界对资本主义当前困境的反思　/ 012

西方资本主义的全球化悖论　/ 018

反对贸易保护主义　拥抱再全球化进程　/ 023

反对孤立主义　共建美好世界　/ 028

警惕民粹主义危害　防范民粹主义风险　/ 033

积极应对全球"经济民族主义"的挑战　/ 038

英 美 篇

国际金融危机背景下美国金融财政政策的调整　/ 045

国际金融危机背景下奥巴马推动社会"变革"的努力　/ 056

"特朗普经济学"评介　/ 066

国际金融危机后英国的经济改革探索　/ 074

国际金融危机后英国的政治改革措施　/ 082

国际金融危机后英国资本主义模式的调整与变革　/ 088

英国政治精英"负责任资本主义论"评析 / 094

"公投政治"对英国的冲击及影响 / 100

欧 洲 篇

后金融危机时代"莱茵资本主义"的变与不变 / 111

欧洲福利资本主义的困顿与突围 / 122

资本主义危机下的欧洲政党政治困境 / 127

资本主义危机的欧洲文化价值观困境 / 132

从德国汽车业"尾气门"看"莱茵资本主义模式"困境 / 137

深陷民主困境的欧洲还能自拔吗? / 141

北欧模式的主要特点及福利国家面临的挑战 / 145

北欧模式面临的挑战及其改革探索 / 151

冰岛走出国际金融危机的经验教训 / 159

其他国家和地区篇

非洲国家对新自由主义进行纠偏 / 165

非洲努力改变在经济全球化中的边缘地位 / 172

埃塞俄比亚"民主发展型国家"的理论与实践 / 178

肯尼亚的经济发展之路 / 186

"拉美陷阱"的成因及实质 / 192

巴西跨越"中等收入陷阱"的三次尝试 / 198

拉美地区一体化进程呈"碎片化" / 203

西方资本主义民主在南亚的发展及影响 / 209

冷战后日本的内阁支持率与"塔西佗陷阱" / 216

资本主义当前困境与国际秩序未来走向

（代　序）

按照历史唯物主义的观点，经济基础决定上层建筑。资本主义在长期发展过程中不但塑造了国家内部的政治经济制度，而且深刻影响了国际秩序的发展变迁。2008年国际金融危机以来，资本主义体系遭遇重大危机，国际秩序也面临一系列困境。我们需要深入认识资本主义塑造国际秩序的内在机理，系统剖析当前资本主义困境的本质，在此基础上思考引领国际秩序发展走向的理念和举措。

一、资本主义发展阶段及其对国际秩序的塑造

资本主义自诞生以来主要经历了自由竞争和垄断两大阶段。其中，垄断资本主义又可细分为私人垄断、国家垄断以及跨国垄断等不同阶段。资本主义生产组织方式的变化，深刻影响着国际秩序的变迁。随着资本主义经济发展和生产力水平提升，其对秩序的塑造作用逐步由国家向地区、由地区向全球扩展。

16世纪至19世纪中后期是资本主义的起源和确立阶段。在这一时期，资本家主要在国家内部自由竞争，他们的生产力发展水平和财富积累还不足以大规模向外扩张，资本主义的政治经济制度也尚未发展完

善，对国际秩序的塑造作用还相对有限。此后，资本主义国际秩序大致可分为三大阶段。①

第一阶段大致从 19 世纪末到第二次世界大战结束，地理范围大致包括欧洲主要资本主义国家及其殖民体系。这一时期，英国新兴工业资产阶级发展成熟，努力争取有利于自身财富积累的制度体系。为从传统政治势力那里争取权力，他们将亚当·斯密和大卫·李嘉图的古典自由主义塑造为社会主导意识形态，强调市场可以带来自由、福利、秩序、安全，拒绝传统政治权力干预经济，建立起一套有利于自由竞争的政治经济制度。与此同时，英国将国内实践带到国外，不但要求欧陆资本主义国家实行自由市场经济体制，而且推动建设自由开放的国际市场，并利用自身贸易优势地位确立了金本位制的国际货币制度。这些安排帮助英国不断维护和强化自身优势，最终创造了"日不落帝国神话"。

第二阶段大致从第二次世界大战结束到冷战后期，地理范围大致包括资本主义阵营及其辐射的发展中国家。这一时期，资本主义逐步由私人垄断阶段进入国家垄断阶段。在国内，资产阶级彻底打败传统势力，取得绝对统治地位；在国外，自由竞争已无法满足生产集中以及新一轮工业化需要，导致帝国主义政治军事竞争代替了自由经济竞争。罗斯福遵循凯恩斯主义，把自由放任市场经济改造为国家干预的福利国家模式，使市场成为有管理的市场。国内改革必然折射到国际经济秩序之中。冷战时期资本主义阵营的国际经济制度安排，既打破了经济民族主义的阻隔，也为国家防范外部市场冲击预留了制度回旋空间。比如，国

---

① 此处大致采用了李滨教授的阶段划分法，但每一阶段的具体名称则借鉴了李强教授、庞中英教授等的提法。具体见李滨：《无政府下的世界秩序——一种历史唯物主义的分析》，载《世界经济与政治》2016 年第 7 期；参见李强：《自由主义》，东方出版社 2015 年版；庞中英：《脱离一种世界秩序比加入它更困难》，载《世界知识》2017 年第 2 期。

际货币基金组织可发放救济借款，国家保留对资本流动的控制权，关贸总协定中列出一些例外保障条款等。美国还通过经济援助、军事援助、跨国公司等，将一些新兴民族国家纳入资本主义体系，推动发展中国家走资本主义道路。

第三阶段大致指冷战结束以来，地理范围基本涵盖全球。这一时期，资本主义进入跨国垄断阶段，真正的资本主义全球生产开始形成。资本开始在全球范围内按照各国比较优势进行生产要素配置，形成跨国生产链。国家为吸引资本竞相放松管制，逐步放弃福利国家时代对资本的节制措施。企业为提升竞争力也竞相降低成本，将生产线更多向发展中国家转移。生产全球化带来的资本自由和成本竞争，导致工人阶级权益受到削弱，国家从福利国家向新自由主义国家转型。新自由主义成为支撑这一新秩序的意识形态，其核心内涵就是保障自由，宣扬国家干预对个人的危害，强调自由是恢复增长和效率的基础。与此同时，国际经济秩序也向着全球统一自由市场转型，放松管制、自由贸易和经济自由化成为新阶段的主要特征。这些逻辑反映到国际秩序上，就是世界贸易组织、国际货币基金组织以及欧盟、北美自由贸易区等区域经济一体化组织朝着加大自由贸易力度、削减关税及非关税壁垒、放松管制、放任自由的方向发展。

二、"新自由主义国际秩序"遭遇的困局

2008 年金融危机以来，"新自由主义国际秩序"饱受质疑。2017 年上半年，特朗普宣布退出跨太平洋伙伴关系协定（TPP），英国政府开启与欧盟"分家谈判"程序。作为资本主义国际秩序的推动者和引领者，美英两国的选择表明"新自由主义国际秩序"遭遇重大困局。

第一，国际贸易增速持续低于全球经济增速。据世界贸易组织

（WTO）统计，2016 年全球贸易增速连续第五年低于全球经济增速。从 1989 年柏林墙倒塌到 2007 年金融危机爆发前，国际资本流动占 GDP 比重从 5% 猛增至 21%，国际贸易占全球 GDP 比重从 39% 上升到 59%，生活居住在非出生国的人口增长了 25% 以上。但是，金融危机以来，除了人口跨国流动仍在继续之外，其他两项指标都黯然失色。2008 年国际资本流动雪崩式下降到全球产出的 4%，到 2015 年更是降至 2.6%。国际贸易也从占全球 GDP 的 60% 下降到 58%。① 资本流和贸易流的规模和发展速度持续低于经济发展速度，从一个侧面反映了经济要素全球化遭遇了一股强劲"逆风"。

第二，与经济社会数据变化相伴随的，是人们思想观念的变化。美国和欧洲民众对待跨太平洋伙伴关系协定（TPP）和跨大西洋贸易与投资伙伴关系协定（TTIP）的态度就是典型体现。全球网上市场调查机构舆观（Yougov）的一项调查显示，2014 年有将近 55% 的德国民众支持 TTIP，但 2016 年下降到 17%。美国的情况也很相似，早在 2015 年 TPP 宣布达成时，亚特兰大街头就出现了游行示威，反对可能损害普通民众利益的 TPP。"国际自由贸易"过去几十年曾是美英等资本主义国家高举的价值观大旗，但 TPP 和 TTIP 遇冷表明，这一理念似乎正越来越成为一种"政治不正确"。

第三，上述两方面的变化已反映到发达国家政治局势之中。在美国，特朗普靠安抚中下层白人难以言说的愤懑和不满赢得大选，当选后即抛出"美国优先"论，保护主义、排外主义色彩明显。在英国，公投使"脱欧"由思潮变为现实。在德国，默克尔政府接收难民的政策导致主张恢复边境管制、脱离欧元区的"另择党"异军突起。在法国，玛丽娜·勒庞虽未赢得大选，但其领导的"国民阵线"所造声势近年来对

---

① 张宇燕：《全球化与去全球化：世界经济的视角》，载《探索与争鸣》2017 年第 3 期。

传统主流政党已经构成严重挑战。在意大利，持反移民、反欧盟立场的"五星运动"不仅在地方选举中成功拿下罗马、都灵等地区，而且民调支持率持续高企。此外，荷兰极右翼势力虽未赢得大选，但已成为议会中的第二大党，西班牙"我们能"党、奥地利自由党等也都成为各自国内政治格局中的重要力量。

第四，国际关系的地缘政治和现实主义色彩上升。自 2008 年以来，主要大国外交风格都趋于务实，世界似乎正在重回现实主义政治时代。中国外交更加积极进取，强调推动国际秩序和全球治理朝着更加公正合理的方向发展；普京领导下的俄罗斯在乌克兰、叙利亚问题上频出实招，在与美欧博弈中屡得先手；特朗普看似不惜挑战西方传统价值观底线，实则始终坚持"美国利益优先"原则，自我揭露西方传统价值观的脆弱和虚伪；埃尔多安继"转任"总统后又完成对土耳其政权体系的改造，长期执政几成定局；塞西领导下的埃及正努力走出新自由主义的空洞说辞，寻求更有实效的政治体制；莫迪和安倍也都显示了各自强烈的民族主义风格。《金融时报》刊文称，这些铁腕人物都是民族主义者而非国际主义者，世界正在重返权力政治时代。这些观点无疑反映了国际政治自由主义色彩淡化、现实主义色彩上升的事实。

三、"新自由主义国际秩序"困局的根源

"新自由主义国际秩序"遇到问题，主要是因为人类对全球化进程的管理出了问题、利益分配出了问题、对全球化速度和方向的把控出了问题。

首先，从大历史视野看，当今世界经济正处于新旧动力转换期，经济下行压力增大，做大全球经济"蛋糕"的难度加大。科技和产业革命

是经济发展的根本动能，会带来经济大发展，但在科技和产业革命的初期，世界经济往往会经历一些阵痛。1929年爆发的大萧条是在第二次科技革命后发生的，2008年金融危机则是在第三次工业革命浪潮之后发生的。重大技术革命不但改变着生产消费"函数"，而且对社会结构、地缘政治、国家力量对比产生深刻影响。如果这些物质层面的新趋势得不到制度理念层面的积极适应，经济社会的潜在危机风险就会加大。往往在这个时候，全球经济会出现动力不足等各类"不适应症"。总之，动力转换期往往也是矛盾多发期和问题集中暴露期，全球化遇到一些问题有其必然性。

其次，欧美等发达国家在全球产业链中的优势地位下降，并将其归咎于全球化进程。随着广大新兴市场国家和发展中国家的快速发展，世界经济的"金字塔"结构正在向扁平化方向发展。经济学家布兰科·米拉诺维奇（Branko Milanovic）在其新书《全球不平等：全球化时代的一种新方法》中强调说，其实在全球化深入推进过程中，全球范围内的收入不平等呈持续下降趋势。也就是说国家之间的不平等程度在降低。这表明西方传统发达国家在全球产业链中的优势地位正在不断弱化。这一趋势对西方国家来说是难以接受的，因为这会从总体上削弱其享受了几十年的高品质生活，那种传统的低劳动强度、高收入、高社会保障、舒适、安逸、静谧、悠闲的生活变得难以为继，整个国家的"精气神"和"心气儿"不断下降。为转移矛盾，这些国家将责任归咎于全球化进程，进而激起民众对全球化的反弹情绪。

第三，在国家之间不平等程度下降的同时，各国内部的不平等程度则在持续上升，民众不满情绪不断积蓄。法国著名经济学家米拉诺维奇、托马斯·皮凯蒂（Thomas Piketty）[1] 以及美国著名经济学家

---

[1] 参见 [法]托马斯·皮凯蒂：《21世纪资本论》，巴曙松等译，中信出版社2014年版。

约瑟夫·斯蒂格利茨（Joseph E. Stiglitz）等人都发现的另外一个问题是，国家内部的贫富差距在日益加剧。用斯蒂格利茨的话说，美国已经变成1%所有、1%所治、1%所享的国家。中产阶级所占比重明显萎缩，中下层民众的"被剥夺感""被打扰感""失去感"日益上升。位于金字塔下层的90%民众的收入，已经停滞了1/3世纪之久。全职男性工人的真实中位数收入比40多年前还要低。在社会底层，实际工资基本维持在60年前的水平。斯蒂格利茨在2001年出版的《全球化及其不满》中主要强调发展中国家对全球化变革抱有强烈反对情绪[1]，但他在最近出版的《重构美国经济的规则》一书中则强调，新的不满情绪传导到了发达经济体身上，数以万计的发达国家民众加入到反全球化队伍当中。[2] 其实，他没有指出的另外一点是，在本轮反全球化浪潮中，发达国家民众表现得甚至比发展中国家民众更为强烈。

第四，货物、服务、资本的跨国流动必然带来人员跨国流动，带来利益分配、移民融入、文明融合等一系列深层次的难题。一方面，人员跨国流动会挤占东道国的就业机会，难民移民的大量涌入会给当地带来经济社会负担，使"原住民"的生活受到冲击和干扰；另一方面，人员跨国流动会冲击东道国的社会秩序，带来移民融入和民族融合的问题。2015年，全球有2.5亿移民和6500万被迫离开家园的人。欧洲接受的移民最多，高达7600万，而欧洲大陆也是对移民问题感到最焦虑的地区。这种焦虑感有时比经济议题更能影响投票倾向。美国有线电视新闻网（CNN）主持人法里德·扎卡里亚

---

[1]　参见［美］约瑟夫·斯蒂格利茨：《全球化及其不满》，李扬、章添香译，机械工业出版社2010年版。

[2]　参见［美］约瑟夫·斯蒂格利茨：《重构美国经济的规则》，张昕海译，机械工业出版社2017年版。

表示，"移民是全球化的最终表现形式。它之所以被视为具有侵略性和颠覆性，是因为在这个问题上，本土民众面对的是活生生的外国人，而不是一些抽象的概念。这些外国人相貌不同，口音不同，生活习俗也不同。这些都可能引发种族歧视和仇外情绪。当然，这些反应并不全都是有害的，但必须认识到，变化的脚步如果太快，社会就难以及时消化"。美欧民众在该问题上的怨气积蓄已久，近两年的难民问题成为民粹主义爆发的直接导火索，"修墙"的思维已在欧美各国普遍酝酿。

四、积极引领国际秩序发展走向

新自由主义逻辑影响下的国际秩序和全球化进程遇到了诸多问题。不过，人类互通有无的进程是不可逆的，信息科技大幅降低人类交往成本的趋势也是不可逆的。彻底抵制全球化进程或彻底放任全球化进程都不是科学的态度。我们既要继续推动全球化进程，同时也要让全球化变得更为均衡、包容、普惠，不断"驯服全球化"。在这一过程中，中国可主动作为的空间很大，主要体现在以下几个方面。

一是呼吁超越新自由主义思维局限，在国家、地区、全球之间寻找平衡点，把控好全球化的方向和节奏。全球化进程中，不同国家或不同群体的收益情况相去甚远。同时，作为一个历史进程，全球化之路不可能永远平坦笔直。在全球化进入崎岖曲折路段的今天，我们尤其要深刻理解全球化的本质及其可能衍生的负面结果。忽视国家利益未必有利于地区合作和全球化进程，寻找国家利益、地区利益和世界利益的平衡点更有助于推动国际经济合作进展。正如世界经济论坛执行主席施瓦布所言，"自由贸易仍然是全球经济发展和社会进步的最强动力。当今领袖面临的挑战和责任是，既要对抗贸易保护主义，又要让贸易成为包容性增长的原动力"。①

二是通过推动国内改革发展，进一步增强发展道路的吸引力。"逆全球化"浪潮兴起，折射的是世界范围内贫富分化的加剧。这是一个世界性的普遍现象，在我们国家也一定程度存在。不过，相对于西方国家，我们采取的措施也更加务实前瞻。党的十八大以来，党中央统筹推进"五位一体"总体布局，协调推进"四个全面"战略布局，通过深入开展党风廉政建设和反腐败斗争、实施精准扶贫等一系列重大举措，切实关注人民群众利益，最大程度推动实现社会公平正义，确保让老百姓有更多的参与感、获得感和幸福感。供给侧结构性改革、"房子是用来住的不是用来炒的"等重要举措和理念，也都体现着协调处理公平与效率的战略思路。梧高凤必至，花香蝶自来。只要我们把自己的国家建设好，就一定会对其他国家产生重要示范意义。

三是精准研判全球化发展趋势，积极提供"具有自我造血功能的公共产品"。纵观世界大势，新兴市场国家和发展中国家可能会引领新一轮不同于西方的全球化之路。"一带一路"倡议就是一项重要探索。首先，"一带一路"倡议不谋求建立约束性制度机制，不墨守传统经济合作套路，而是以"互联互通"为核心，寻求制度建设与务实合作的"双轮驱动"，有助于缓解全球化和国际制度"非中性"的问题。其次，"一带一路"倡议超越重贸易、轻基础设施建设的国际经济合作模式，不仅包括贸易合作，而且强调"五通"建设协调推进，注重基础设施和产能合作，能够帮助亚欧大陆腹地国家不断培育产业链条、产业基地和经济中心，提升自身经济发展能力。第三，"一带一路"倡议强调金融应更好地为实体经济服务，亚投行、丝路基金都聚焦基础设施建设这一主题，此举有助于防止虚拟经济与实体经济严重脱节，有助于防范大规模金融泡沫

---

① 张宇燕：《全球化与去全球化：世界经济的视角》，《探索与争鸣》2017 年第 3 期。

的产生。第四，"一带一路"倡议强调开放包容原则，更注重在不同层次、不同区域的国际经济合作之间疏通经络、搭建桥梁，解决了全球化与地区一体化之间的逻辑矛盾，能够推动二者彼此包容、相互促进。

四是坚持以合作促发展、以发展促安全的思路。具体讲，需坚持公平、开放、全面、创新的国际发展观，推动国际社会开展更深层次的合作，推动各国普遍发展经济、改善民生、减少贫困，努力消除恐怖主义和极端势力赖以滋生的土壤，积极促成发展与安全相互助力的良好态势。同时，需坚持共同、综合、合作、可持续的安全观，努力消解和融合西方安全体系，与世界主要大国加强沟通，共同维护世界和平稳定。

（此文原文发表于《当代世界》2017年第6期，收录时有修改。）

综 合 篇

西方各界对资本主义当前困境的认识

西方各界对资本主义当前困境的反思

西方资本主义的全球化悖论

反对贸易保护主义　拥抱再全球化进程

反对孤立主义　共建美好世界

警惕民粹主义危害　防范民粹主义风险

积极应对全球"经济民族主义"的挑战

西方各界对资本主义当前困境的认识

近年来，随着国际金融危机后续影响持续发酵，美欧资本主义国家在金融、福利、移民、反恐、外交等方面政策调整收效甚微，结构性矛盾日益触及市场经济、民主政治、社会契约、全球治理等深层问题，资本主义制度面临多重挑战。①

一、次贷危机、全球金融风暴与新自由主义的信心危机

美国次贷危机是国际金融危机的罪魁祸首，盎格鲁-撒克逊模式受到广泛质疑。美国学者福山认为："这次经济危机之所以令人震惊，是因为它产生于被视为全球资本主义中心、实践着美式资本主义的美国本身。"② 美国财政部前副部长奥尔特曼认为，自由经济学时代已经结束。

---

① 参见 [比利时] 马克·范德皮特：《全球资本主义深陷五大危机》，《参考消息》2011年2月18日；[巴西] 阿曼多·博伊托等：《西方危机乃新自由主义危机》，《参考消息》2012年1月29日；[美] 理查德·沃尔夫：《欧美资本主义制度陷入全面危机》，《参考消息》2012年3月16日。

② Francis Fukuyama: "How Capitalism Survived the Crisis". *News Week*, December 6, 2009.

现在，盎格鲁-撒克逊模式的金融体系被认为是失败的，全球萧条及其造成的所有人间悲剧都被归咎于它的失败。

国际金融危机源自新自由主义思潮，资本主义难以摆脱周期性经济危机。英国工党领袖科尔宾认为，当代资本主义正面临日益深化的系统性危机，这与20世纪80年代以来新自由主义思潮的泛滥密切相关。《金融时报》首席经济评论员沃尔夫认为，反复爆发金融危机是资本主义无法摆脱的宿命，政府能做的只是努力延长危机发生的周期，在危机爆发时进行干预，此外别无良策。日本学者水野和夫认为，随着资本扩张的地理和物理边疆不复存在，资本主义逐步失去提高利润的空间，只能不停地制造互联网和金融等虚拟世界的泡沫。①

二、经济金融化、金融自由化与资本主义经济模式受到质疑

金融自由化造成金融垄断，并导致虚拟经济与实体经济的矛盾日益突出。《时代》周刊经济副主编弗洛哈尔认为，金融自由化使金融业功能由借贷变为交易，实质上停止了为实体经济服务，美国经济变成金融资本与实体资本的零和博弈，华尔街成为美国最高权力中心，为经济危机埋下了隐患。② 英国剑桥大学教授彼得·诺兰认为，全球金融体系在自由化过程中不断衍生出复杂的金融工具，没有人懂得如何监管整个体系，而且也不存在监管的政治机制，一旦遭受严重冲击，将发生系统性风险。

美国通过金融运作制造增长表象的能力正在走向终结，经济金融化导致风险不断积累。哈佛大学的一项调查显示，2008年国际金融危机

---

① Toby Helm: "Is Capitalism at a Crossroads?". *The Guardian*. October 1，2017.

② Rana Foroohar: "Author of Makers and Takers". http://ranaforoohar.com. 参见拉娜·弗洛哈尔：《制造者和索取者》，尹芳芋译，新华出版社2017年版。

后，美国政府注入 4.5 万亿美元巨额货币进行刺激，美国经济增速却只有约 2%，普通民众收入几无增长。金融业占美国经济总量的 7%，占全美企业利润的 25%，却仅仅创造 4%的就业。金融机构仅将 15%资金投资实业经济，其余大量资金用于金融投机活动。以美国 500 强企业为例，其净收益的 95%用于回购股票、支撑股价，进一步增加了金融泡沫的新风险。

三、经济不平等、贫富分化与中产阶级萎缩

资本的力量更加强大，贫富分化导致中产阶级不断萎缩。《21 世纪资本论》的作者、法国经济学家托马斯·皮凯蒂认为，大量实证数据证明，资本主义本质上倾向于增强资本所有者的力量，而广大劳动者的利益则受到侵蚀，这是导致社会不平等的根源。[①] 据统计，从 1993 年到 2008 年，1%最富有的美国人获得了 52%的全国收入；这一比重在 2009 年到 2012 年进一步升至 95%。相比之下，美国中产阶级占总人口的比率则从 1971 年的 61%下降至 2015 年的 49.4%。

经济、政治不平等加剧，社会流动性下降。美国经济学家约瑟夫·斯蒂格利茨强调，经济不平等导致政治不平等，降低社会阶层的流动性，进而损害经济活力。美国对外关系委员会会长哈斯认为，由于贫富悬殊加大，"美国梦"已经让位于阶级意识，这一变化影响深远。这种现象并非局限于美国，据统计，全球最富裕的 10%的人口消费额占全球总消费的 59%，拥有财富占全球总财富的 85%；底层 50%的人口消费额只占全球总消费的 7%，所拥有的财富仅占总财富的 1%。

---

① 参见［法］托马斯·皮凯蒂：《21 世纪资本论》，巴曙松等译，中信出版社 2014 年版。

四、政党争斗、政治极化与西方民主政体的信任度下降

政府运作失灵，民众对国家机构的信任度明显下降。据统计，从1964年到1997年，美国民众对联邦政府的信任度从75％降至不足20％。近年来，美国民主、共和两党日益"极化"，党派利益凌驾于国家利益之上，府院矛盾重重，国会的支持率始终在15％左右徘徊。美国学者福山认为，美式民主制正走向衰败，美国的问题在于过度制衡导致政治衰败，民主政体沦为否决政治，阻碍形成能真正促进公益的政策或改革。① 调查显示，64％的美国人主张对现有体制进行大刀阔斧的改革，但受制于政治极化、政党恶斗而无法推行。

选举制度存在结构性缺陷，无法产生富有远见的政治家。德国《时代周刊》资深记者纳斯认为，西方政治精英水准下降，兼具执政经验、战略眼光、国际视野的政治家凤毛麟角。美欧选举制度存在缺陷，利益集团、金钱政治的影响无处不在。美国学者布雷默认为，未来8年甚至10到20年，都无法选出美国真正需要的领导人，某种意义上讲，美国需要一次重大危机才能造就出能够作出重大抉择的领导人。

五、种族歧视、文化多元化与传统价值观遭到挑战

族群裂痕扩大，社会包容度明显下降。2015年美国人口数据显示，美国白人人口出现负增长，而少数族裔人口则快速上升，占美国人口比重已达37.9％。美国智库的一项研究表明，当前，美国中低收入白人对少数族裔和外来移民抢占其工作、教育、医疗等资源深感不满，对犯

---

① 参见［美］弗朗西斯·福山：《美国政治制度的衰败》，宋阳旻译，《国外理论动态》，2014年第9期。

罪、吸毒、同性恋等社会问题忧心忡忡，对美传统价值观遭受侵蚀极为焦虑。据统计，中低收入白人焦虑概率分别比非洲裔、拉美裔、亚裔高208%、188%和133%。社会包容度下降，长期坚持的温和、多元、开放等价值观遭到挑战。

团结、互助、包容等欧美国家自我标榜的传统价值观，在危机冲击下土崩瓦解。法国国际关系学著名学者巴迪认为，在应对欧债危机中，欧洲各国大局意识缺失，欧洲社会长期坚持的团结、互助理念被架空，多元文化共存的共识被打破，社会资本主义模式被掏空，"保护、驱逐、脱离、本国利益至上"等成为许多国家政客爱讲、民众爱听的热门口号。

六、利益固化、社会信息化与民粹主义泛滥

精英寡头和利益集团把持政治权力，普通民众对现状极为不满。美国学者阿亨和巴特尔斯认为，美式民主一点都没有将权力赋予人民，反而经常为社会关系资源广泛的人服务。斯蒂格利茨认为，美国前总统林肯的政治理想是建立"民有、民治、民享"的政府，但当前美国民主制度的现实与林肯等人的理想相距遥远，可以说是"1%有、1%治、1%享"。①民调显示，近70%的美国民众不满国家发展方向，71%的民众认为美国经济体系明显倾向富人；90%以上的民众认为腐败是美面临的主要问题，这种腐败已从政治领域渗透、蔓延至社会领域。

新兴社交媒体推波助澜，民粹主义在欧美国家愈演愈烈。欧美媒体人士认为，随着社会信息化迅猛发展，许多偏颇、激进、极端言论纷纷借助新媒体、网络社交平台登堂入室，加剧了各国思想领域的混乱。民众"反精英、反建制、反现任"情绪强烈，选民求新求变心理突出，"草

---

① Christopher Achen and Larry Bartels: *Democracy for Realists*，August，2017.

根民主"叫板"代议制民主",美国的特朗普、法国的"国民阵线"、英国的独立党、德国的"另择党"等民粹主义代表人物和政治势力支持率飙升。①福山认为,美国两党政治精英既不关心普通民众的生活困境,也不为弱势群体提供服务,除非民众的愤怒引发变革与进步,否则美国政治难以复兴。

七、恐怖袭击频发、极端势力坐大与难民潮的冲击

内外恐怖主义威胁上升,恐怖袭击趋于"本土化"。法国《世界报》评论称,欧洲官方不愿正视穆斯林聚居隐患,出于"政治正确"考虑,避免涉及"融入、同化"等议题,唯恐被扣上"种族主义"帽子,对其放任自流,为恐怖主义滋生提供了温床。仅 2016 年上半年巴黎和布鲁塞尔就先后发生严重恐怖袭击事件。《纽约时报》称,高达 30% 的恐怖组织成员存在亲属关系,近年来美国波士顿、奥兰多等多起重大恐怖袭击事件出现"本土化"现象,给反恐监控带来严峻挑战。

难民潮成为欧洲各国沉重负担,排外、极端势力上升。德国《时代周刊》前总编佐默尔认为,标榜民主、人权等"政治正确"坑苦了德国。仅 2015 年德国就接受了 100 万难民,国内有人欢迎、有人反对,社会凸显分裂。大量难民如何融入当地社会成为难题,可能带来无穷尽的麻烦。②法国《回声报》评论认为,各国保守排外声音增多,将激化国家间的纠纷、摩擦甚至地缘冲突。伊斯兰极端主义和西方民粹主义潮流同步发展,可能加剧西方与伊斯兰世界冲突的风险。

---

① 柴尚金:《西方宪政民主是如何陷入制度困境的》,《光明日报》2013 年 3 月 19 日。

② World Bank: *Moving for Prosperity: Global Migration and Labor Markets*（2018）, pp.4–10. http://www.worldbank.org/en/research/publication/moving-for-prosperity.

八、政治碎片化、公投常态化与欧洲一体化困境

欧洲债务危机演变为政治、社会等各领域全方位危机，公投趋于"常态化"。欧洲学者认为，面对多重危机，政治精英和传统政党束手无策，政治趋于碎片化，"代议制民主"的有效性备受质疑。在失去民众信任、社会缺乏共识的情况下，许多国家领导人借公投逃避和推卸责任，将重大争议问题扔给民众解决，动辄通过公投进行"政治赌博"。据统计，20世纪70年代，欧洲平均每年举行3次公投，而2011年以来欧洲国家年均公投数上升至8次，媒体认为"公投热已蔓延至整个欧洲大陆"。欧委会主席容克表示，欧洲正处于一个"公投的时代"。

英国公投脱欧给欧洲一体化敲响了警钟，西方资本主义制度的信心可能动摇。《经济学家》杂志评论认为，大多数时候，公投都导致了"糟糕的政治和政策"，"直接民主"绝非治理欧洲国家乃至欧洲大陆的最佳方式。欧洲政策中心等智库认为，英国公投脱欧是第二次世界大战后西方世界遭遇的严重失败，是西方文明进入发展瓶颈的直接表现，其影响可能远超想象，整整一代甚至几代欧洲人对西方价值观和制度的信心可能因此而动摇。

九、"输出民主"受挫、地区乱局与西方
民主模式的信誉危机

西方民主模式并非放之四海而皆准，"阿拉伯之春"演变为"阿拉伯之冬"。德国《时代周刊》认为，实践证明，民主必须土生土长才行。"阿拉伯之春"五年来，中东和北非地区移植西方式民主没有成功的案例，反而充斥着暴力和冲突。对世界上许多国家而言，安全、稳定和一定程度的公平比个人自由、民主更重要。美欧与其对外"输出民主"，

不如先把自己内部的事情做好。福山强调，国家的根本职能在于确保政治秩序，从社会发展和治理需要来看，一国拥有高效运作的政府和法治比民主形式更加重要。

西方民主处于低潮，受到其他制度模式的挑战。美国斯坦福大学教授、《民主季刊》主编戴蒙德认为，当前全球已进入"民主萧条期"，西方民主正在退潮。民调显示，当前只有 18% 的美民众主张将"促进民主"作为美国外交的优先事项。2009 年至 2016 年，美国国际开发署对民主、人权、治理等项目的资金支持减少近 4 亿美元。欧洲民主基金会 2015 年仅有 1100 万美元预算。① 与此同时，中国的成功为发展中国家提供了发展模式上新的备选方案。

十、孤立主义抬头、反全球化倾向凸显与资本主义世界体系危机

美欧国内问题层出不穷，民众"内顾"倾向上升。皮尤研究中心的一项民调显示，57% 的美国民众认为，当前美国国内矛盾丛生、困难重重，政府应更加重视并解决自身存在的问题，这一比例较 2010 年类似民调结果上升了 11 个百分点。49% 的美国民众明确反对美国参与经济全球化，认为全球化将带来降低国内薪资标准、挤压美国自身就业机会等负面影响。在民调覆盖的欧洲十国中，也有 56% 的民众认为，欧洲国家应集中精力优先解决自身面临的各种突出问题。

《金融时报》外交事务评论员拉赫曼认为，当前西方政治中反全球化、反主流的民粹主义、孤立主义势力上升，将给欧洲乃至全球带来一

---

① Larry Diamond:"The Liberal Democratic Order in Crisis", *American Interest*. February 16, 2018.

系列不确定因素，进而对国际经济和政治体系造成冲击。美国学者、世界体系理论的提出者沃勒斯坦指出，资本主义经济体系一旦停止扩张步伐，利润最大化和社会压力之间的矛盾将越来越尖锐，资本主义体系走向终结是必然的。

西方各界对资本主义当前困境的反思

一、面对西方资本主义的诸多难题，近年来美欧政界、学界、商界的反思逐渐深入，涉及资本主义社会制度、政治理念和发展模式，更加关注深层问题、长期趋势和全球性挑战①

第一，认为国际金融危机使"自由放任的资本主义"陷入"合法性危机"，应摒弃新自由主义，重新平衡国家与市场的关系。《金融时报》专栏作家拉赫曼认为，分配不公、贫富差距扩大已经使"自由放任的资本主义"陷入"合法性危机"，华盛顿共识已经破产。美国经济学家克鲁格曼强调，政治极化是社会不平等的源头，必须坚持民主、自由、法治等价值观念，坚定推进进步主义议程，通过收入再分配实现经济社会平等，推动政党良性竞争，实现经济更快、更持续增长。《金融时报》副总编斯蒂芬斯认为，市场仍是配置资源最有效的方式，当前各国政府

---

① 2012年1月，达沃斯世界经济论坛以"大转型：塑造新模式"为主题，在"20世纪的资本主义是否适合21世纪"这一议题下，推动西方政、商、学界进行深入讨论反思。几乎同一时间，英国《金融时报》推出系列专题文章，邀请美欧政要和学者围绕"资本主义的未来"发表不同观点，探讨国际金融危机的后续影响及未来走势。本文以下许多言论引自上述会议和文稿。

与学者辩论的焦点是如何更好地调控市场并在某些时候改变其运作方式，防止市场失灵。更加负责任的政府、更多个人自由和尊严、更好的法治，应是各国民众的一致追求。

第二，认为金融资本主义正走向终结，削弱金融集团利益是改进资本主义的关键，应平衡发展虚拟经济和实体经济。《金融时报》专栏作家普伦德认为，金融投机行为损害社会公共利益，当前银行家绑架了资本主义制度，他们游说政府官员，阻碍金融体系改革。对美欧各国来说，削弱金融集团，推进金融体系改革，是增强资本主义合法性的关键。《时代》周刊经济副主编弗洛哈尔认为，美国通过金融运作制造增长表象的能力正在走向终结，"华尔街方式"越来越难以为继。改革的关键是要破除金融导向的经济发展思维，恢复实业发展动力。① 美国学者福山指出，美国正从制造业经济向服务业经济转变，但民主、共和两党都未能重视如何实现这种转变，也未推出任何旨在缓解劳工阶层困境的配套社会计划。美国需要强有力的、可以使政府运作真正有效的改革者，加大基建投资，推进税制、移民等改革。必须修复资本主义制度，减少"否决政治"环节，简化决策程序，否则美国政治制度将难以避免衰败的命运②。

第三，认为西方资本主义模式凸显政治短视、价值缺失、功能失调等弊端，应坚持公平、正义、互助等理念，重建资本主义社会价值体系。英国前首相卡梅伦认为，当前资本主义主要有三个特点：缺乏道德的市场、缺乏公正的财富分配、缺乏竞争的全球化，这构成了"缺乏良知的资本主义"。需要以"负责任的资本主义"和"有道德的市场"加以修正，为资本主义寻找出路。美国斯坦福大学教授、《民主季

---

① 参见 [美] 拉娜·弗洛哈尔：《制造者和索取者》，尹芳芊译，新华出版社 2017 年版。

② 参见 [美] 弗朗西斯·福山著：《政治秩序与政治衰败——从工业革命到民主全球化》，毛俊杰译，广西师范大学出版社 2015 年版。

刊》主编戴蒙德指出，鉴于政府停摆、政治失灵、竞选丑闻不断，公众愤怒情绪有增无减，美式民主不再令人景仰，美国对内应采取改革竞选资助法、鼓励政党竞争等措施，重塑民众对民主的信心；对外应重新大力"促进民主"，突出价值观外交，强化与中国等国家的"制度竞争"①。

第四，认为全球化使资本主义矛盾从国家层面放大到全球范围，反全球化和贸易保护主义抬头，应摒弃利益至上理念，加强宏观政策协调，强化全球治理，寻求合作共赢。美欧学者认为，发达经济体民众把失业、贫困等归咎于全球化和技术进步，主张对钢铁等夕阳产业进行保护，质疑和反对新的自由贸易协定。在"拿什么拯救资本主义"这个问题上，美欧中产阶级及其代表人物除了愤怒，未能提出任何有效替代途径，日益抬头的保护主义已成为影响世界经济复苏的重要因素。法国战略学会会长马翼科指出，"人人为自己、上帝为大家"的传统理念把全球化引入了原教旨资本主义的误区，造成国际竞争加剧、经济动荡频仍、社会分化对立，再次验证马克思在《资本论》中揭示的真理，社会化大生产和生产资料私人占有这一根本矛盾制约着社会进步。放大到国与国关系来看，全球宏观经济协调和国家自身利益之间同样存在结构性矛盾。要从根本上摆脱危机，各国必须摒弃利益至上的观念，共同构建宏观协调的有效平台，寻求合作共赢。《金融时报》副总编斯蒂芬斯强调，当前最大的危险是世界倒退回经济民族主义。各国政府需要制定合理的国际规则，建立强有力的全球治理架构，真正奉行多边主义，解决全球资本主义与各国民主政治出现的失衡问题。

第五，认为物欲横流的资本主义并非理想社会，美欧青年对社会主

---

① Larry Diamond: "Democracy in Decline", *Foreign Affairs*, July 18，2016.

义的认可度提升，认为西方应学习东方的政治智慧，借鉴中国的成功经验。随着以中国为代表的新兴经济体迅速崛起，越来越多的发展中国家开始学习借鉴中国的发展经验，中东欧等"西方阵营的边缘国家"也开始"向东看"。剑桥大学教授彼得·诺兰认为，中国儒家思想和伊斯兰世界主流思想都并不寻求摧毁资本主义，而是着眼更为广泛的社会利益对市场进行调节，两者都有助于建立一种将个人的权利、自由与集体的义务、责任相结合的道德经济伦理，这种伦理观念正是全球资本主义调控体系的核心。要解决全球资本主义危机，需要东西方文明携手合作，西方国家尤其是美国必须超越意识形态差异，同中国和伊斯兰世界这两大文明建立起建设性合作关系；如果美国被自身短期利益和狭隘的意识形态所惑，与中国和伊斯兰世界发生"文明的冲突"，将把世界引向灾难①。

同时，值得关注的是，在美英等国，普通民众对资本主义的弊端感到愤怒，青年一代对社会主义的认可度上升。盖洛普的一项民调显示，1982年只有20%的美国人认可社会主义，到2015年则有47%的美国人表示会投票给社会主义者总统候选人。这一变化助推美联邦参议员桑德斯等曾被视为左翼边缘的政治人物融入政坛主流，而且其有关主张在美青年一代中产生强烈共鸣，支持桑德斯在美大学和高中成为压倒性潮流②。英工党领袖科尔宾指出，物欲横流、相互倾轧的资本主义社会绝不是人们理想的社会，贯彻集体主义原则、相互扶助、相互关爱的社会主义社会才是人们向往并愿意为之奋斗的目标。

---

① Peter Norlan: "Capitalism and Freedom: the Contradictory Character of Globalisation". *Anthem Press*，2007.

② Chris McGreal: "The S-word: how young Americans fell in love with Socialism". *The Guardian*. September 2，2017.

二、当前西方资本主义危机具有全局性、复杂性、长期性，资本主义模式的调整变化及其外溢影响值得关注①

第一，资本主义深陷市场经济失灵、政治体制失能、社会契约失效等多重困境②，"大转型""大变革"难以实现。2008 年国际金融危机充分暴露了资本主义制度的固有矛盾和弊端。目前西方资本主义国家仍处于发展迷惘期，经济增长低迷，主流政党吸引力下降，极端势力影响力上升。政坛缺乏有战略眼光的政治家，政客为赢得频繁的选举、公投，日趋短视、投机、趋利，到处是批评家，缺乏真正的改革者，政治精英对政治的战略引导能力、对社会共识的提炼能力、对民情舆论的塑造能力明显下降，欧美政界在国际金融危机后一度提出的资本主义"大转型""大变革"难以实现。

第二，资本主义制度困境与民粹主义抬头、难民潮泛滥、极端思潮蔓延等矛盾相互交织，形成"复合共振"，西方资本主义国家仍面临"缺信心、缺对策、缺共识"等诸多挑战③。国际金融危机十年来，美欧各国在经济、社会、外交等领域出台多项政策，但治标不治本，收效甚微。近年来，在难民潮、恐怖袭击、新兴国家群体性崛起冲击下，美欧国家焦虑感、紧迫感上升，各界进行深入反思，但不仅没有找到切实可行的系统性解决方案，反而滑向民粹主义、保护主义和孤立主义。可以预见，民粹主义对西方政治生态、政党格局、社会共识的冲击将延续一

① 周荣国：《当前资本主义的现实困境、内部争论和未来走势》，《当代世界》2017 年第 1 期。
② 刘晓明：《对当前西方资本主义困境的观察和思考》，《资本主义怎么了？——从国际金融危机看西方制度困境》，学习出版社 2013 年版，第 86—108 页。
③ 秦亚青：《西方"制度困境"的影响和启示》，《光明日报》2012 年 12 月 12 日；赵明昊：《当前西方对西方资本主义困境的反思》，《红旗文稿》2012 年第 9 期。

段时间，其对国际格局、大国关系的外溢影响也值得密切关注。

第三，"再工业化""再平衡"战略的实施，展现了西方资本主义较强的自我修复能力，暴露了美国转嫁危机、维系资本主义国家主导地位的企图。在全球经济持续低迷、地区动荡此起彼伏的情况下，美西方先后推出"再工业化""再平衡"等战略，既努力寻找新的经济增长点，[①]又利用国际规则、议程设置、利率调整等手段转嫁矛盾和危机，并指责中国等新兴国家搞"国家资本主义"，批评发展中国家通过不公平手段获取竞争优势。目前看，西方资本主义国家整体实力仍然占据优势[②]，其通过体制创新、技术创新走出危机的可能性仍然存在，"西强东弱"的局面短期内不会发生实质性改变。

第四，西方各国无法消除资本主义根本矛盾，同时也难以克服向其他发展模式学习借鉴的心理障碍，资本主义与社会主义的互动将更趋复杂、激烈。国际金融危机以来，"东升西降"的趋势更加明显，中国特色社会主义展现出独特优越性，受到广泛关注，但西方主流政党、媒体仍坚称"还是资本主义模式好"。未来一个时期，资本主义与社会主义的交流、交融、交锋将更趋复杂。

---

① 甄炳喜：《美国经济新增加点及中国的应对》，《国际问题研究》2014 年第 4 期。

② 李长久：《对资本主义的几点认识》，《红旗文稿》2012 年第 8 期。

西方资本主义的全球化悖论

20 世纪 80 年代以来，新自由主义主导的第三波全球化进程让资本主义在全球范围内拓展、获利的同时，也加剧了其内部发展的不平等和不平衡，埋下了资本主义金融和经济危机的隐患，并导致西方资本主义的全球化悖论。

一、西方资本主义国家正由全球化的主导力量转变为"逆全球化"思潮的发源地

迄今为止的全球化进程总体上为资本主义主导，西方资本主义国家过去是全球化的推动者，但在国际金融危机的全面冲击下，却蜕变为"逆全球化"思潮的滋生地，最突出的表现就是保护主义大行其道。特朗普上台后以美国利益为先，坚持"美国主义"而非"全球主义"，极大地助长了"逆全球化"思潮。欧洲表面支持全球化和自由贸易，实际也成为保护主义的附庸，相继出台更为严格的外资审查措施和贸易防御工具，内部反对多边与双边自由贸易协定的大规模示威行动此起彼伏，极大阻碍了资本主义在推进全球化进程中继续发挥作用。

全球化之所以在西方遭"冷遇"，其主要原因就是全球化进程加剧

了资本主义内部的经济社会危机。一方面，内部贫富分化日益严重。在全球化进程中，垄断资本为追逐更高利润，不断向低成本、低收入的发展中国家转移，造成欧美发达资本主义国家产业空心化。跨国公司在获得全球化最大利润的同时，绝大多数中产阶级和低收入阶层却成为"牺牲品"，面临失业和收入下降的困境。瑞信研究院（Credit Suisse Research Institute）发布的《2017年全球财富报告》称，目前全球10%的最富裕人群占据全球总财富的88%，而底层50%的人口只占全球总财富的1%。① 另一方面，难民、移民跨国流动导致民众的不安全感增强。全球化推动了人口大规模流动，一定程度上助推了种族矛盾、文化冲突和恐怖主义的相互交织，民众不安全感急剧上升，将矛头直指经济全球化。在此背景下，资本主义国家爆发了大规模反全球化、反移民运动，"保护""驱逐""本国利益至上"成为很多政客爱讲、民众爱听的口号。

二、资本主义主导的全球治理模式面临信任危机和能力赤字

生产力的每一次革命，都推动了经济全球化的巨大发展，也带动了全球治理体系的不断演进。当前的全球治理体系主要是第二次世界大战后西方资本主义国家主导建立起来的，包含着延续垄断资本在世界范围内主导权的目的。当前，新一轮科技革命迅猛发展，世界政治经济格局深刻复杂变化，新的治理议题不断涌现，资本主义基本矛盾在全球范围内更加突出、更加尖锐地表现出来，该模式已经无法适应新条件下的全球治理需要。

---

① Global Wealth Report 2017，November 11，2017. http://publications. credit-suisse.com/ tasks/render/file.

一是公信力不足。国际金融危机以来的诸多事实证明，资本主义制度成为许多全球性合作的抵制力量。西方资本主义国家凭借自身在这一体系中的主导与优势地位，采取以邻为壑的政策转嫁危机和矛盾，使得原本是资本主义体系内的不平等、不平衡现象在世界范围内蔓延扩展，并且愈演愈烈，导致全球范围的贫富分化、生产过剩和金融动荡，资本主义承担全球治理责任的公信力和合理性受到质疑。

二是代表性不够。现行全球治理机制主要是在美西方霸权模式下建立的，未能充分体现世界经济政治格局变化。2010 年国际货币基金组织进行投票权改革，但一直受美国国会阻挠，直到 2015 年改革方案才生效。新方案虽然提升了中国、巴西、印度等新兴经济体的份额，但美国依然是最大股东，拥有一票否决权。此外，不少国际组织领导权长期被西方国家把持，新兴大国和发展中国家等新治理主体难以享受相应的治理权。

三是有效性不高。以世界银行、国际货币基金组织、世贸组织为支柱的现有全球经济治理机制未能有效防范经济金融危机，面对恐怖主义，网络安全，难民、移民问题等全球治理新议题，西方资本主义国家也常常缺乏对策。此外，当前西方国家"逆全球化"思潮抬头，内部面临着"要不要全球治理"及"要一个怎样的全球治理"的争论，这些理念分歧极大地制约了现有治理模式的效率，全球治理面临严重的领导力赤字问题。

三、资本主义制度在全球范围内的拓展遭遇阻力

从一定程度上说，经济全球化的进程也是资本主义试图在全球拓展的历史。苏东剧变后，资本主义"自由民主制度"一度被西方视为"历史的终结"。但当前资本主义的结构性矛盾和制度缺陷不断暴露，重创

人们对资本主义的信仰，资本主义制度在全球层面遭遇挑战。

一是资本主义民主制度吸引力下降。近年来西方选举政治已日益沦为富豪、权贵角逐的把戏和滋生民粹主义的温床。"三权分立"蜕变为权力掣肘，"否决政治"不断上演，使得西方民主制度一再"失灵、失效"。有声音认为，再也不能接受所谓民主与资本主义一致的观念了，一定要清醒认识当前资本主义推行的全球化和市场经济潜藏着专制主义。

二是资本主义发展模式饱受诟病。金融危机迫使西方资本主义国家对过度金融化、极端自由化的发展模式进行反思，但到头来依然开出一剂新自由主义的"药方"。一边是大力扶持"大而不能倒"的金融企业，一边是削减福利开支、压低工资成本，进一步加剧了富者愈富、贫者愈贫的现象，引发严重的社会危机。资本主义发展模式只为私有垄断经济服务、罔顾民众利益的本质特征再度凸显。西方苦心包装的自由市场经济模式，既在国内遭到反思和批判，更在国际上遭到越来越多的质疑和抵制。

三是资本主义价值观的虚伪性暴露无遗。过去，西方资本主义国家高举自由贸易大旗，大肆向发展中国家拓展市场；而当发展中国家有了一定竞争力时，却又想方设法进行贸易保护，暴露了资本主义一贯倡导的所谓自由主义价值观的虚伪性。此外，以"修篱筑墙""花钱消灾"的方式应对难民、移民危机也暴露了资本主义国家所谓"人道主义精神"的虚伪性。

四、资本主义固有矛盾使其无法从根本上克服全球化难题

为应对本轮全球化所产生的困境，西方资本主义在国家和全球层面采取了一系列推动"再工业化""社会建设""全球治理制度建设"的政

策措施，试图缓和资本主义矛盾。这些探索和努力取得了一定成果，但并不能从根本上解决资本主义主导的全球化的矛盾和弊端。因为，资本主义主导的全球化是以资本主义私有制为基础、以资本获取最大限度利润为动力的，无法从根本上解决不平等、不平衡问题。法国学者皮凯蒂在《21世纪资本论》一书中指出，因为资本的收益率远远高于生产力的增长速度，资本主义社会的两极分化必定日趋严重；贫富差距达到一定程度时，必然会导致社会的结构性危机。① 在全球化背景下，不存在类似主权国家的权威机构，解决全球性危机将更加困难。资本主义社会难以从系统性危机的泥潭中走出来，这是资本演进的逻辑使然，可以预见，资本主义将长期在危机——调整——危机中循环往复。

当然，我们也要看到，虽然西方资本主义国家在全球化问题上面临诸多困境和内部冲突，但未来相当长的一段时间内，西方资本主义国家依然在科技、规则等方面占据优势，全球化将面临资本主义逻辑和社会主义逻辑长期共存、既竞争又合作的局面。西方资本主义国家本质上仍希望重塑一个符合其自身利益的全球化，维护其在全球化进程中的主导地位。可以预见，未来全球化将进一步体现为制度模式和话语权之间的竞争。中国将高举中国特色社会主义旗帜，积极探索新型经济全球化道路，着力解决公平公正问题，引导经济全球化朝着普惠共赢的方向发展，为探索公正合理的新型国际关系和经济全球化道路贡献中国的理论和实践方案。

---

① 参见 [法] 托马斯·皮凯蒂：《21世纪资本论》，巴曙松等译，中信出版社 2014 年版，第 1—36 页。

反对贸易保护主义　拥抱再全球化进程

全球自由贸易作为一种公共产品，可以有效降低交易成本，让各国人民从中受惠。传统意义上的"全球化"是指经济活动的一个国际化过程，是一种资本、商品、服务、劳动以及信息超越市场和国界进行扩散的现象。近年来，西方社会对全球化的态度发生明显变化，反全球化与逆全球化思潮、地缘政治回归论、世界碎片论等悲观言论不断出现，反映出西方民众的不满与精英的焦虑。自就任以来，美国总统唐纳德·特朗普奉行"有原则的现实主义"和"新孤立主义"的路线，宣扬和坚持"美国第一"，接连做出"退约"（退出 TPP）、"筑墙"（在美国和墨西哥边境修建隔离墙）、"赶人"（移民禁令）等决策。最近，美国向欧盟、中国、日本、加拿大等主要经济大国都发起了贸易战。充满讽刺意味的是，曾经是经济全球化领头羊的美国现在高举逆全球化大旗，大搞贸易保护主义，凸显全球化潮流的倒退与回潮。

一、世界历史中的全球化形态

全球化是一个动态演化的进程，经过多轮扩张、博弈、萎缩与调整后，今天已经进入一个新的扩容与重构阶段。作为旧全球化核心发动机的美国的全球霸权陷入"内卷化"困境，世界秩序的不确定性增强。从类型学上看，根据全球经济开放程度与全球政治的和谐程度，全球化形态可以划分为以下几种类型。

封闭型全球化。这是一种极端的状态，全球经济相互分离，政治上缺乏必要的协调，因此导致的结果就是整个世界被分割成支离破碎的部分，世界回归到以民族国家为中心的重商主义时代。从历史上看，冷战期间的阵营对垒就是一种封闭式的全球化状态。东西方两大阵营将全球化分割成两半，双方的政治经济互动都缺乏足够的协调性，以至于全球化进程几乎停滞。

内卷型全球化。全球化的"内卷化"危机是指全球互动处于"没有发展的增长"状态，就像一个卷心菜不断内卷。第一次世界大战与第二次世界大战之间的 20 年时间就是这样一个状态。当时的国际格局中，美国实力超群，大英帝国衰落，但是崛起的美国与德国并没有及时承担全球治理的责任。这样一个政治上没有霸权国，但是经济上相对开放的时代，我们称之为全球化的内卷阶段。

包容型全球化。近年来，全球化动能从美国逐步转移到以中国为代表的新兴国家。党的十八大以来，以习近平同志为核心的党中央推动中国特色大国外交，在全球化进程陷入困境的情况下，积极推进更加包容、均衡与开放的全球人类命运共同体。再全球化的包容性强调，人们关注每个不同角色的独特功能。再全球化的包容性体现在以新兴国家为主的低层全球化开始与以传统发达国家为代表的高层全球化之间相互交织，不仅在经济上更加注重平等性与可持续性，在政治上也强调协调共商。

二、中国在新一轮全球化浪潮中发挥更大作用

近年来，世界秩序混乱局面以及"黑天鹅"事件层出不穷，西方出

现集体"内卷化"趋势，世界把更多目光投向中国。2017 年 1 月 17 日，习近平主席在达沃斯世界经济论坛年度会议上发表主旨演讲，呼吁世界各国"坚定不移发展开放型世界经济……坚定不移发展全球自由贸易和投资，在开放中推动贸易和投资自由化便利化，旗帜鲜明反对保护主义"，并强调"打贸易战的结果只能是两败俱伤，搞保护主义如同把自己关进黑屋子，看似躲过了风吹雨打，但也隔绝了阳光和空气"。习近平主席的演讲，显示中国是国际秩序的维护者和经济全球化的支持者。如今的中国与全球化之间的互动模式已经深刻转向：中国从一个曾经边缘的全球化融入者、学习者，已成长为新一轮再全球化的重要引擎。下面列举三个方面予以说明。

中国世界级的经济与贸易体量，已经产生全球影响。2013 年中国超越美国成为全球货物贸易第一大国；中国已经成为全球 120 多个国家和地区的最大贸易伙伴，70 多个国家和地区的最大出口市场。同时，中国作为最大的新兴国家，其在可预见的未来将为世界创造巨大经济动力的同时，也将孕育一个超级中产阶层消费市场。这种来自国内的消费需求与中国走向全球的步伐同步，将在全球创造一种"中国消费者支撑外国经济"的现象。到 2030 年，中国的中产阶层人口将超过欧洲、北美与日本等西方大国的总人口之和，这将是撼动世界的一个数字。

推进完善全球多边贸易机制。在中国等新兴国家呼吁下，2013 年世界贸易组织第九届部长级会议达成多哈回合"早期收获"协议，这是世贸组织多哈回合经历 12 年的徘徊不前后，首次实现零的突破，使人们重拾对多边贸易体制的信心。同时，中国致力于将全球规则与国内创新相对接。2015 年 12 月，国务院发布了《关于加快实施自由贸易区战略的若干意见》，将自贸区上升为国家战略。该战略在国际层面上，促进我国已经签署国际或区域性自由贸易协定 15 个，涉及国家和地区 23 个。从公共产品角度看，自贸区网络可以促进贸易便利化，减少贸易障碍，直接增进全球经济繁荣。在国内层面上，以制度创新为导向的国内自贸区接连建立。2013 年 9 月，我国建立上海自由贸易试验区，之后新增广东、天津、福建、辽宁、浙江、河南、湖北、重庆、四川、陕西等 10 个自贸区。2018 年 4 月 13 日，习近平总书记宣布，党中央决定支持海南全岛建设自由贸易试验区，支持海南逐步探索、稳步推进中国特色自由贸易港建设。通过建立内外联动的自贸区网络，中国不断扩大开放程度，以"点—线—面"方式推动自由贸易规则国内与国际对接，为稳定全球经济提供了坚实基础。

倡导人类命运共同体等新理念，引领全球治理。2017 年 1 月 18 日，习近平主席在联合国日内瓦总部出席"共商共筑人类命运共同体"高级别会议，发表了题为《共同构建人类命运共同体》的主旨演讲，系统阐述了人类命运共同体理念。党的十九大报告明确提出推动构建人类命运共同体。构建人类命运共同体是习近平新时代中国特色社会主义思想的重要内涵，体现中国对当今世界及人类社会发展趋势的一种深刻理解，是对人类发展理念和全球治理的重要贡献。

三、走向再全球化时代

再全球化，是指以中国为代表的新兴国家对全球化进程的改革，以及这种改革所产生的模式升级与扩容效应。传统的全球化以"中心——外围"经济结构为基础，发达国家与外围国家之间的工业制成品与原材料贸易所造成的"剪刀差"构成全球化不公平的根源之一。而当新兴国家全面崛起，中国成为发达国家和发展中国家的最大贸易伙伴，全球化的"二元格局"将演变成"三元格局"，即发达国家——新兴国家——外围国家相互联通的状态。这种三个世界的互联互通将超越高层全球化与低层全球化的对立，缩小中心与外围之间的等级差距。值得指出的是，中国等新兴国家所推动的再全球化进程并非另起炉灶，而是从内部来升级、改革现有国际架构，是中国嵌入式崛起的一部分。

总而言之，中国引领的再全球化有助于重建全球化叙事的合法性，并在全球体系不确定性上升的时候为整个国际体系带来确定性。与"赢者通吃"的逻辑不同，再全球化倡导共商共建共享。西方学术界多从静态的视角来分析中国与全球化之间的关系，将其简单化为守成国与崛起国之间的必然矛盾，认为中国与西方必然是你赢我输的零和博弈关系。事实上，在特朗普政府掀起贸易摩擦的硝烟，严重威胁多边自由贸易体系，从而掀起新一波逆全球化的浪潮之时，中国铁肩担道义，扛起了新一轮全球化的大旗。中国秉持开放、包容、均衡以及共商共建共享的理念，推动"一带一路"倡议，设立亚投行，推动亚太自由贸易区建设，坚决维护多边自由贸易体系，积极推动再全球化进程，携手各国构建人类命运共同体，成为维护全球多边贸易体系和经济全球化的中流砥柱和定海神针。

（本文作者王栋、曹德军，原文发表于《学习时报》2018 年 7 月 9 日，
收录时有修改。）

反对孤立主义　共建美好世界

历史上，不少国家曾不同程度地实行过孤立主义政策。特别是在英美两国，孤立主义在外交政策中一度占据重要地位，对两国乃至世界历史进程产生深远影响。

一

英美实行孤立主义外交有其特殊的历史和地理因素。英国建立起海上霸权后，主要利益集中于欧洲之外的自治领地、殖民地和势力范围，试图通过超然于欧洲大陆的纠葛之外，维护其大国地位。美国立国之初羽翼未丰，试图通过孤立主义政策巩固独立成果。但当年英美实行的孤立主义政策并非闭关锁国式的全面孤立，而是有选择性的。英国的孤立主义政策只应用于对欧洲大陆，美国的孤立主义政策在地缘上主要针对欧洲，在内容上主要是政治、军事领域，不包括经济贸易方面。在特定的历史时期和环境下，孤立主义外交政策一定程度维护了英美两国外交政策的灵活性，使其得以根据形势变化和自身利益选择伙伴。但两国也曾因孤立主义政策付出沉重代价，并殃及世界。第一次世界大战期间，美国力图避免卷入战争；战后又拒绝批准《凡尔赛和约》和加入国际联盟（以下简称国联）。英国虽加入国联，但推行不干涉政策，使国联逐渐走向瓦解，深刻影响世界和平进程。20 世纪 30 年代，英国在孤立主义思想影响下实行绥靖政策，助长了法西斯侵略者的崛起，加速了第二次世界大战的爆发。美国则通过《中立法》，迟迟不愿参战，直至珍珠港事件爆发。

随着国际形势和自身实力的变化，英美两国都逐渐放弃了以孤立主义主导外交政策。但作为一种历史传统和政治思潮，孤立主义不时泛起。美国更是经历了数次孤立主义回潮，每当在外交和重大海外军事活动上受挫，或者国外的威胁减轻而国内矛盾突出时，孤立主义便会浮出水面。

与传统的孤立主义相比，第二次世界大战后英美不时兴起的孤立主义思潮被赋予新的含义。特别是在美国，孤立主义嬗变为新孤立主义，并在冷战后进入高潮。新孤立主义者认为，美国的根本国家利益在于本国的安全、繁荣和自由民主制度；美国应首先集中精力解决国内问题，将"重建美国"作为中心任务；应将切身利益作为对外政策出发点，减少与国家利益无关或关系较小的国际义务和海外干预。这一思想与传统的孤立主义一脉相承，但在实现方式上并不要求美国放弃与世界的政治、军事联系，而是主张以较小的代价在国际事务中发挥作用，以维护其霸权地位，是出于一己私利漠视国际道义的狭隘外交思想。

美国国会右翼势力曾大力鼓吹新孤立主义，禁批《全面禁止核武器条约》，阻挠美政府为国际货币基金组织和世界银行增资，否决补缴联合国会费的法案，对美国承担相应的国际责任、履行应尽的国际义务构成一定阻碍。但新孤立主义思潮始终未能主导美外交政策。正如其主要批评者之一、共和党人马尔科姆·瓦洛普所指出的，在当今世界，对美国来说，在试图保持全球经济超级大国地位的同时，在政治和军事上走孤立主义道路是行不通的。

二

2008 年国际金融危机爆发后，美欧经济遭遇重创，陷入经济、政治、社会、外交等多重困境。一些西方国家将自身困境归罪于外部因素，认为应该重新审视本国与外部世界的关系。上述背景下，新孤立主义在部分西方国家重新抬头，并与近年来大行其道的民粹主义相夹杂，更加强调"反精英、反建制、反传统"，非理性、情绪化的一面更加突出。美国特朗普政府秉持的"美国优先"政策以及一些欧洲国家出现的疑欧倾向都是这一轮新孤立主义的典型表现。

总的看，当前新孤立主义的主要表现为以下几方面。

逆全球化。重点批判对外经济关系，认为经济全球化牺牲了本国利益，使他国得利，是不公平的经济关系，主张完全从自身利益出发重新界定对外经济关系。如美国向有关贸易伙伴施压，意在重启贸易协定谈判并向美让利；对有关国家输美商品课以重税；严格限制外国企业在美投资等。

单边主义。主张重新审视有关多边合作，认为一些多边机构和协议设计不合理、运行不顺畅，歪曲了本国立场，增加了本国负担。主张退出相关机构和协议，以免受其羁绊和牵累，并释放本国单边行动的自主权利。如美国退出《巴黎协定》、伊朗核协议、联合国教科文组织、联合国人权理事会，英国公投脱欧，有关欧洲国家反欧盟倾向上升等。

跨境人员管控。认为非法移民和难民的大量涌入导致本国人口结构失衡、社会福利负担激增、治安和反恐形势恶化、文化和宗教分化加剧，主张收紧移民、难民政策，加强边境管控。如美国政府推出的"限穆令"、拟建的美墨"边境墙"，欧盟峰会达成的难移民协议等。

理论上讲，任何国家都有权自主制定外交政策，不受他国干预。但在当今普遍联系的国际政治、经济、安全体系中，一国特别是主要大国的外交政策无疑将对世界产生重大影响。当前一些主要西方国家新孤立主义倾向的负面效应不容小觑，将给国际社会和本国带来诸多危害：一是影响世界经济发展。新孤立主义逆经济全球化潮流而动，人为阻断生产的国际化大分工和国际经济、技术合作，将延缓世界经济增长，迟滞新的科技革命的到来。二是扰乱国际政治经济秩序。新孤立主义对国际政治经济秩序建设持怀疑态度，否认气候变化等全球性问题需要多边解决方案，将导致国际社会在有关问题和领域陷入"无政府"状态，甚至可能重回"弱肉强食"的丛林时代。三是阻碍有关国际和地区热点问题的解决。新孤立主义否认有关国际和地区热点问题的解决需要有关各方共识，蓄意破坏脆弱的力量平衡，将导致地区局势不稳、安全隐患大增。四是损害本国利益。新孤立主义以割裂甚至对立视角看待本国利益和国际社会及有关各方的共同利益，错误地认为维护、扩大本国利益必须以牺牲他国利益为代价，最终损害本国的政治、经济和安全利益。

三

当今世界正处于大发展大变革大调整时期，世界多极化、经济全球化、社会信息化、文化多样化深入发展，各国相互联系和依存不断加深。同时，世界面临的不稳定性不确定性突出，世界经济增长动能不足，贫富分化日益严重，地区热点问题此起彼伏，恐怖主义、网络安全、重大传染性疾病、气候变化等非传统安全威胁持续蔓延，人类面临许多共同挑战。

对各国尤其是大国而言，对外政策早已不是"独善其身"和"兼济天下"中二选一的抉择。若要"善其身"，必须"济天下"，在"济天下"的同时才能真正达到"善其身"的目的。因此，中国呼吁世界各国人民共同努力，构建人类命运共同体，实现共赢共享。世界各国应坚定维护以联合国为核心的国际体系，坚持多边主义这一维护和平、促进发展的有效路径，以对话解决争端、以协商化解分歧，共同应对各种安全威胁；应同舟共济，促进贸易和投资自由化便利化，推动经济全球化朝着更加开放、包容、普惠、平衡、共赢的方向发展；应尊重世界文明多样性，以文明交流超越文明隔阂、文明互鉴超越文明冲突、文明共存超越文明优越；应通过合作，共同应对气候变化，保护好人类赖以生存的地球家园。习近平主席在世界经济论坛2017年年会开幕式上强调："积力之所举，则无不胜也；众智之所为，则无不成也。"中国愿同世界各国携手努力，共同建设更加美好的世界。

（本文作者沈宁、孙昭钺，原文发表于《学习时报》2018年7月9日，收录时有修改。）

警惕民粹主义危害　防范民粹主义风险

　　民粹主义作为一种十分复杂的政治思潮，在当今世界发生的重大社会政治经济问题上都能找到它的影子。民粹主义不仅是影响一些西方国家政治走向的重要变数，同时还发展成为一种世界性的现象和突出的社会政治问题。近年来，以英国公投退出欧盟、特朗普赢得美国大选、意大利民粹主义政党上台执政等事件为标志，民粹主义不仅对西方国家造成了强烈冲击，也正在对世界政治的发展发挥着独特的影响和作用。

　　民粹主义是西方民主政治发展过程的必然产物。民粹主义的产生和兴起有着深刻的社会根源和发展逻辑。民粹主义从 19 世纪下半叶肇端到现在已有百年历史，其间曾出现多个时期的发展浪潮。近年来新一轮的民粹主义发展浪潮再次兴起，正改变着世界政治发展的光谱。目前，学界较为公认的说法是，民粹主义运动源于 19 世纪下半叶在欧洲和北美同时兴起的俄国"民粹派"和美国"人民党"的社会政治实践。这两场政治实践兴起的根源在于当时的工业革命推动政治、社会、经济格局的剧烈变化，引发社会自上而下的不公正的转型，进而造成城乡严重分化和底层民众极端贫困等问题，导致社会的认同危机，致使民众对现有社会和政治体制不满爆发。民粹主义推崇人民直接统治，强调广泛政治权利，带有强烈的道德理想主义色彩，这形成了民粹主义最初的"人民至上"、反对精英政治等标志性特征，但民粹主义把"人民至上"异化为可以以人民的名义对任何事物进行整治和道德双重审判，这使其成为一些精英为达到某种个人目的而采取的政治修辞和动员手段，甚至是被利用来操纵大众的政治噱头，导致民粹主义成为异化和危险的政治思潮。

1929 年爆发于美国的经济危机蔓延至整个资本主义世界，导致了1929—1933 年史称"经济大萧条"的全球性经济大衰退。经济大萧条加重了资本主义的社会矛盾和制度危机，重创了德国经济，使得背负《凡尔赛条约》规定的巨额战争赔款的德国雪上加霜，人民生活水平大大下降，国内社会矛盾急剧上升，催生了以民族主义和极权主义为特征的民粹主义的流行。希特勒充分利用民众的心理，调动民众情绪并通过合法选举手段登上政治舞台，进而利用民粹主义打出法西斯主义并在全社会进行广泛的政治动员。希特勒利用民粹主义开展蛊惑人心的宣传鼓动，在德国社会形成了"反犹"等一系列的非理性和情绪性的浪潮，最终在全民支持下发动了第二次世界大战。同一时期，意大利的墨索里尼和日本的军国主义势力同样借助民粹主义的掩护，通过政变等手段上台执政，进而操纵民意，走上对外扩张侵略的道路。这是民粹主义给欧洲和世界带来深重灾难和重创的典型案例。

第二次世界大战后，民族解放运动的兴起使民粹主义成为推动美国消除种族歧视和推动社会公正的进步力量，成为西亚北非国家的社会改革推动力，成为拉美国家实现独立和经济现代化发展的主导意识形态。在 20 世纪七八十年代至冷战结束后，伴随第三次技术革命的不断推进，社会形态和社会思潮也在持续发生变化，民粹主义再次成为推动社会政治发生变化的重要旗帜。无论是推动"草根美国"的佩罗、意大利"电视民粹主义者"的贝卢斯科尼还是法国的勒庞，均将民粹主义嵌入其政策主张的内核。正如一些学者指出的，此次民粹主义的崛起打破了原有政治思潮中"左"和右的分野，例如欧洲的民粹主义无论"左"与右，都对欧洲一体化进程表示反对。这一时期狂飙奔进的民粹主义更多的表现为对既有体制的破除，在行动和言论上表现得比一般的保守主义更保守，比一般的激进主义更激进。苏东国家的瓦解与民粹主义的推动紧密相关，但随着形势的发展，民粹主义的传统理想主义在这些国家又遭到了现实的无情打击。民粹主义对这些国家现行制度的不满日益上升，对其批评和不满日渐增多，其反对再反对、抗议再抗议的运动则不断侵蚀着西方资本主义社会稳定的基础。

2008 年金融危机爆发后，传统国家政府在应对全球化背景下的经济持续低迷、贫富鸿沟日益拉大、民生发展瓶颈无法解决等方面缺乏良策，引发民众的强烈不满和失望。同时伴随着西亚北非地区的剧烈动荡，大批难民涌入欧美等西方世界，西方国家民众受到由此引发的就业、安全等问题的困扰日益加深，对政府作为不力的愤怒日渐激烈。民粹主义思潮和运动在欧洲趁势而上，认为全球化加剧了经济发展失衡、财富分配不均、种群文化冲突等问题。它以社会底层民众支持为依托，煽动种族对立，反对外来移民，鼓动普通民众与精英对立，不断提升其影响力。此次的民粹主义思潮发轫于欧美，带有明显的反全球化、反体制、反精英的特征。欧洲的一些民粹主义政党利用欧债危机后民众对欧盟的失望，反对本国向欧盟让渡主权，反对欧盟法律凌驾于本国法律之上。伴随着法国国民阵线、意大利五星运动等欧洲民粹主义政党的崛起，原本处于欧洲政治光谱边缘的民粹主义已成为不可小觑的政治力量，而当前欧洲许多国家的执政党为争取更多民众的支持，在其政策中都相应增加了包含民粹主义的内容。同时，欧洲的一些民粹主义政党刻意迎合民众不满情绪，制造社会分裂，政策短视偏激，甚至有发展成极端主义的风险。这既反映出欧洲政治经济社会制度性弊端，也反映出欧洲内部深层次的矛盾。意大利五星运动组阁成功和民粹主义政党占据欧洲议会 1/4 的议席意味着民粹主义对欧洲一体化和全球化的深入发展将构成严峻挑战。

在拉美,民粹主义大行其道的基础是民众对传统政府贪腐无能和贫富差距日益增长的厌恶情绪。拉美民粹主义者擅长通过广场集会或示威游行等方式发动底层群众,打出反对贪腐和分配不公等空泛但让民众心动的口号,利用社会的悲观无助和失望情绪,煽动民愤,通过选举等途径上台执政。然而,令人遗憾的是,拉美的民粹主义者喊口号很响,往往把民粹主义视为一幅贯穿于政治生活的装饰图案,在上台执政后提不出切实可行和行之有效的政策举措,反而利用自身权力,肆意挥霍政府开支,推行高福利政策培植政治基础,甚至不惜采取不切实际的没收外国投资等极端政策,造成投资锐减、通货膨胀,导致社会和经济走向封闭,民生福祉被严重损害。巴西、阿根廷、委内瑞拉、厄瓜多尔和玻利维亚等拉美国家以民粹主义等为主要干预经济手段,违背经济发展规律,陷入中等收入陷阱,经济踯躅不前。他们高举民粹主义旗号,在经济发展和国家治理上不遵循基本规律,最终经济崩溃,民众生活陷入困境,社会安全陷入混乱。

美国是有民粹主义传统的国家。2008 年金融危机后的美国,贫富差距日益加剧,财富主要流入少数跨国集团和金融寡头的腰包,精英和平民之间的鸿沟不断扩大,全球化带来的产业分工和转移导致低技能岗位大量流失,底层和中产阶层实际收入增长缓慢甚至还有所下降,中下层民众的获得感很少。同时,贫富差距也导致阶层固化,优质资源被垄断,底层民众实现阶层跨越的障碍越来越大。传统的政治精英不接地气,注重私利,讲求"政治正确",导致民众对其丧失信任。而全球化带来的外来人员流入加重了美国普通民众的就业压力和社会负担,更带来文化冲突和族群身份认同意识的增强。特朗普在 2016 年的大选中利用民粹主义异军突起成功当选总统。作为对民粹主义支持的回报,特朗普在就职演说中称要把权力归还给人民，提出美国优先，承诺要让美国再次伟大。特朗普在执政 500 多天的时间里，推出了比较积极的财政政策，加大基础设施建设投资规模，提高进口货物关税，加强对美国命脉部门的外资管理，强调美国制造，限制美国企业资本的自由流动，收紧移民政策等。这些举措都包含着民粹主义的内核。特朗普还置全球化浪潮于不顾，使美国退出《巴黎气候协定》等国际协议，认为这些是以牺牲美国的就业和经济为代价的协议和协定。美国还退出了伊核协议、联合国教科文组织和联合国人权理事会等，甚至威胁要退出世界贸易组织。特朗普更是向世界挥起了以保护主义为特征的民粹主义大棒，向世界主要贸易伙伴提出了加征关税的要求，并威胁要与中国展开"贸易战"。特朗普一系列包含民粹主义的政策不仅搅动着其国内的传统政治生态，刺激着国内的民粹主义思潮朝着极端的方向发展，而且其外溢效应不断扩大，已影响经济全球化的发展，并给国际政治格局的发展平添了更多不确定性。

当前，我国正处于新一轮经济转型和跨越中等收入陷阱的关键期，面对民粹主义思潮在全球的泛滥，我们必须保持清醒的头脑，充分认识到民粹主义极端化的危害。我们要在坚决摒弃和抵制民粹主义思潮的前提下，高度重视新一轮民粹主义浪潮效应的不断外溢，防范民粹主义对我国对外开放新格局和和平崛起进程的干扰，尤其是要防范该思潮与我国社会当前转型期交织发展的各种矛盾的共振而引发的社会不稳定风险。

（本文作者高扬，原文发表于《学习时报》2018 年 7 月 16 日，收录时有修改。）

积极应对全球"经济民族主义"的挑战

特朗普政府发动的不仅是与中国的贸易摩擦，而且是与欧洲（欧盟）、加拿大等美国盟友的贸易摩擦。可以说，美国政府发动的是全球贸易摩擦，世界经济正在遭受全球贸易摩擦的打击。这场全球贸易摩擦的根源是特朗普政府及其支持者根深蒂固的"经济民族主义"。"经济民族主义"已成美国政府的贸易和外交政策。特朗普政府及其支持者是用老旧的"经济民族主义"来解决美国面对的全球化之挑战。这是开错了药方、吃错了药。

一、"经济民族主义"曾给世界带来深重灾难

众所周知，"经济民族主义"在 20 世纪 30 年代给欧洲和美国乃至世界带来深重灾难——第二次世界大战。19 世纪最后 30 年加速的欧美工业化和全球化（殖民主义和帝国主义）进入 20 世纪后，逐渐积累起严重问题而陷入危机。这一大危机在第一次世界大战后不但没有根本解决，反而趋于恶化。一些人（例如法西斯主义、贸易保护主义等的支持者）在当时以为"经济民族主义"是克服欧美危机的根本方法。

第二次世界大战结束前，旨在根本克服"经济民族主义"的国际制

度被设计出来。战胜国在 1945 年创立的联合国（国际政治组织和国际安全组织）和国际经济组织（布雷顿森林体系与国际贸易组织）就是为了根本克服"经济民族主义"，在国际制度上防止"经济民族主义"再次把全人类带入灾难。这套 1945 年国际制度在免除"后世再遭当代人类两度身历惨不堪言之战祸"方面还是发挥了重大作用。2014 年和 2015 年，在国际金融组织和联合国分别成立 70 周年的时刻，国际社会集体承认了现存国际制度及其代表的世界秩序在预防和阻止再次发生世界大战上发挥的关键作用。

第二次世界大战后，曾在 19 世纪工业化和成为世界强国方面发挥过重要作用的美国"经济民族主义"被"经济自由主义"取代，"经济民族主义"逐渐没落。冷战结束后，随着全球化的加速，有不少美国政客在选举中鼓吹反对自由贸易、排外甚至反全球化的立场，但当选后则难以兑现其"选举诺言"。在学术上和政策上，有人呼吁发挥"国家的作用"来抵御全球化对美国的挑战，但是，这种"国家的作用"也仅限于"积极的经济民族主义"。

二、美国有深厚的"经济民族主义"传统

特朗普的当选主要靠的不是别的，正是具有深厚美国传统的"经济民族主义"。在他执政以来的一年半中，与以往的美国历届政府不同，特朗普的"选举语言"与其政策居然高度一致，真的在贯彻"经济民族主义"。这是美国国内和国际政策的重大转变。目前美国的"经济民族主义"不是"积极的"，而是消极的。表面上是对美国有利的，但是，实际上是对美国不利的。最近，美国前财政部长萨默斯（Larry Summers）在接受德国《镜报》采访时说，支持特朗普政府经济政策的选民，迟早"将自食其果"。

以特朗普政府的执政为标志，一些人似乎忘记了"经济民族主义"的历史教训。法国总统马克龙在参加今年召开的G7峰会前提醒美国政府，20世纪30年代，"经济民族主义导向了战争"；今天，"经济民族主义也会带来战争"。6月24日，关于欧洲面对的严重的难民问题，马克龙指出，"历史表明，每次欧洲在放弃基本价值、放弃原则时，就会发生最糟糕的事情（盲目排外）"。

要改变特朗普政府或者"感染"了特朗普政府政治病变的其他国家政府的政策，几乎难上加难。控诉或者批评特朗普政府也没有效果，"对等报复"（"经济民族主义"之所以导向战争，就是因为"以眼还眼、以牙还牙"，即欧洲人说的 tit for tat）则只会在特朗普的贸易摩擦陷阱中越陷越深。

三、寻找克服"经济民族主义"的全球方案

现在，世界需要找到克服"经济民族主义"的全球方案。包括世界贸易组织在内的现存国际规则和国际体制已经无法应对特朗普的挑战。在积极的进展方面，世界已经有一些克服"经济民族主义"的集体行动了。例如，6月9日，G7峰会发表的《联合公报》就呼吁克服"经济民族主义"。由于特朗普政府没有在这份《联合公报》上签字，有人对《联合公报》不以为然，但我们更需要好好研读一下这份在特朗普政府的"经济民族主义"变本加厉下起草和谈判的公报。此次G7峰会《联合公报》在世界历史的关键时刻重申，"经济民族主义"并不是解决全球化带来的问题的方法。那么，到底怎么解决全球化带来的问题？这份公报要求改革目前的国际规则，包括改革世界贸易组织的规则。

G7峰会后，另一项针对全球贸易摩擦进行的战略行动是中欧之间的对话。6月25日，在第7次中欧经贸高层对话中，中欧高官同意共

同维护以规则为基础的国际贸易体系。中欧双方认为，必须坚决反对单边主义和贸易保护主义，防止这类行为可能对世界经济产生的冲击和衰退性影响。而李克强总理在会见欧盟委员会副主席卡泰宁时也说，中国愿同欧盟加强协调，共同维护多边主义和自由贸易体制。显然，中欧在以维护规则为基础的世界经济体制上有共同认识，这一点毋庸置疑。但是，必须指出的是，中欧在抵制和反制特朗普政府的全球贸易摩擦上是合作，而不是结盟，是为了维护以共同规则为基础的世界经济秩序而进行的合作。

中国在维护全球多边体制上的立场和政策是正确的，在改革现存的多边贸易体制上可能还需要新的认识论和实践论。欧盟告诉中国，一向视世界贸易组织为全球贸易治理基石的欧盟认为现有的世贸组织机制无法有效解决所谓的"不公平贸易"。欧盟和中国已同意组建双边工作小组，探讨世贸组织的现代化，双方承诺"与时俱进改革多边贸易体制"，完善全球经济治理体系，以顺应新形势下的国际贸易环境。但值得注意的是，美国与欧盟、加拿大在 G7 峰会上表示其在"世界贸易组织的现代化"上的原则立场上是一致的。这也表明，欧美在针对中国的一系列问题上（例如中国的产业政策和技术转让政策等）存在着共同的立场和利益。

世界其他地区在对付"经济民族主义"的蔓延上也在寻求对策。3月11日，在特朗普政府退出《跨太平洋战略经济伙伴关系协议》（TPP）后，原 TPP 的 11 个成员国在日本等的领导下，在智利圣地亚哥签署《跨太平洋伙伴关系全面与进展协定》（CPTPP）。这一"没有美国"的协定将在成员国批准后生效。同时，有些国家在政府更迭后重提旧日的主张。例如，马来西亚新首相马哈蒂尔在第 24 届亚洲未来国际大会上的专题演讲中重新倡议成立区域经济集体"东亚经济会议"（EAEC）。不过，该倡议与马哈蒂尔在 20 世纪 90 年代的提议不同。马哈蒂尔现在提出的 EAEC 有两大任务，即应对中国的自由贸易和美国的保护贸易，中国和美国是 EAEC 的对象。

今天看来，中国几年前发起成立亚投行（AIIB）、金砖合作框架下的新发展银行（NDB）等新兴国际金融组织以及推进"一带一路"建设等举措，实为未雨绸缪之长效之举。无论是新兴国际金融机构还是"一带一路"建设，在有效抵制和应对全球贸易战方面正在发挥着积极作用。

总之，为了应对美国发起的"经济民族主义"挑战，全球正在以各种方式和方法应战。如同 1945 年后的世界经济秩序是对 20 世纪 30 年代世界经济危机和世界大战的深刻反思后的结果，未来的世界经济秩序将在全球应对特朗普挑战中逐渐厘清方向。改革现存的多边体制、重建世界秩序是化解 21 世纪"经济民族主义"挑战的根本出路。

（本文作者庞中英，原文发表于《学习时报》2018 年 7 月 23 日版，收录时有修改。）

英　美　篇

国际金融危机背景下美国金融财政政策的调整

国际金融危机背景下奥巴马推动社会"变革"的努力

"特朗普经济学"评介

国际金融危机后英国的经济改革探索（上）

国际金融危机后英国的政治改革措施（下）

国际金融危机后英国资本主义模式的调整与变革

英国政治精英"负责任资本主义论"评析

"公投政治"对英国的冲击及影响

国际金融危机背景下美国金融财政政策的调整

美国次贷问题自 2007 年逐渐暴露，到 2008 年 9 月已迅速演变为金融危机，进而波及欧洲、亚洲乃至全球，发展为自大萧条之后最严重的全球性资本主义经济危机。危机对美国经济构成沉重打击，约 400 万美国家庭由于住房抵押赎回权被收回而丧失了住房，另有 450 万美国家庭处于住房抵押赎回权被收回的过程中或已经很长时间没有按时偿还抵押贷款。近 11 万亿美元的家庭财富蒸发。金融机构的资产减记规模相当于美国国内生产总值的 13%，家庭金融资产缩水 20%。①

金融危机爆发后，小布什政府在第一时间推出 7000 亿美元"问题资产救助计划"（TARP）等应急举措，暂时控制住美国金融体系不至彻底崩溃。奥巴马就任总统后加大力度"救市"，迅速制定了"金融稳定计划"（FSP），推行非常规的货币政策和扩张性财政政策，并对金融行业实施改革，多管齐下，使危机影响得到一定控制，稳定了美国金融行业和整体经济，为其进一步全面推进"变革"理念奠定了基础。

---

① 陈宝森、王荣军、罗振兴主编：《当代美国经济（修订版）》，社会科学文献出版社 2011 年版，第 304—305 页。

一、制定"金融稳定计划"，救助和激活金融市场

2009 年 2 月，奥巴马就任总统一个月之后，美国财政部部长盖特纳公布了一项全面的"金融稳定计划"。该计划由美国财政部、美联储、美国联邦存款保险公司以及其他金融机构共同采取行动，旨在采取全面、有力、持续、透明的举措，通过政府投资动员私人资本，向陷入困境的金融机构注入资金，以此恢复信贷流动、重塑市场信心、修复金融体系。该计划主要包括四个项目。

第一，提供资金帮助银行渡过难关。要求大型银行接受一项精心设计的综合性压力测试，对银行资产负债表进行现实和前瞻性风险评估，并采取措施改进信息披露制度。政府设立新的"金融稳定信托基金"，为需要额外资金的银行提供支持，但同时要求受助银行将援助资金作为获得更多私人资本的"引子"，并尽快争取足够多的私人资本来取代公共援助资金。

第二，鼓励私人资本参与金融市场。成立与"金融稳定信托基金"并行的"公私合营投资基金"，该基金旨在由政府提供目前私人资本市场无法提供的资金，并以其杠杆效应带动私人资本逐步恢复并扩大参与金融市场，进而解决金融机构的问题资产。该基金起始贷款规模为 5000 亿美元，根据运作情况不断扩大，最终达 1 万亿美元规模。

第三，加强支持小型消费和商业信贷。由于次级贷款在美信贷市场中占据重要份额，要恢复金融市场活力，必须重启二级信贷市场，给予小型消费和商业信贷及其证券化产品更大支持，以降低借贷成本，恢复信贷流通。在美联储 2008 年 11 月宣布的"定期资产抵押证券贷款工具"（TALF）基础上，财政部与美联储合作投入 1 万亿美元启动"消费和商业信贷计划"，将"定期资产抵押证券贷款工具"适用范围扩大至小额

商业信贷、学生贷款、汽车贷款和商业抵押贷款等。该计划制定额外步骤为小企业融资提供便利，增加联邦对小企业贷款的保障份额，赋予小企业更多权力来加速完成贷款审批。

第四，启动综合性房地产救助计划。"金融稳定计划"中提到美国政府将采取有力行动解决房地产市场危机。2月公布"购房者偿付能力与稳定计划"后，美国政府进一步对其修订，又于3月4日宣布"居者有其屋"住房援助计划，旨在通过政府和商业银行开展合作，帮助那些因无力还贷而陷入或即将陷入"止赎"困境的业主降低月供，保住房产。具体来说，由购房者向银行申请修改贷款条件，通过降低贷款利率、延长贷款期限等方式，努力使购房者月供比例降至其收入的38%以下。政府将对提供贷款的商业银行发放补贴，并对参与该计划的商业银行和按时还款的购房者给予奖励，接受政府资金援助的金融机构必须参与该计划。

二、美联储实施超常规的货币政策，支撑金融稳定和经济复苏

第一，迅速连续降息，长期保持零利率。应对金融和经济危机，利率工具是常用选项。从2007年9月到2008年12月底，美联储果断出手，连续10次降息，将联邦基金利率下调500个基点至0—0.25%区间，使美国进入了零利率时代。降息成为美联储超常规货币政策的起点，同时也是最晚退出的一项。在其他超常规货币政策陆续结束后，美联储于2015年12月宣布，由于美国经济表现良好、前景乐观，将联邦基金利率上调25个基点，确定0.25%—0.5%的新目标区间。这是美国近10年来首次加息，也标志着零利率政策保持7年后，美联储的货币政策开始正常化。此后，2016年12月和2017年3月、6月，美联储三次加息，将联邦基金利率上调至1%—1.25%区间。

第二，创新管理手段，扩大流动性支持。在短期利率未能有效缓解信贷市场紧缩的情况下，为防止金融机构和金融市场出现过于严重的流动性短缺，美联储以"最后贷款人"身份扩大向市场提供流动性支持的力度和范围。一是通过收购部分不良资产直接救助金融机构。启用紧急预防条款，亲自入市收购两房（房地美、房利美）、贝尔斯登、美国国际集团等具有系统重要性金融机构的部分资产，为其提供融资。二是向商业银行准备金支付利息。为增加商业银行的可贷资金，美联储于 2008 年 10 月 6 日宣布向商业银行法定存款准备金和超额准备金支付利息，改变了长期以来的惯例。三是启动"信贷与流动性计划"，降低金融机构融资门槛和成本。推出了针对存款机构、交易商、货币市场、借款人和投资商等不同对象的工具创新，包括限期拍卖工具（TAF）、定期贴现措施（TDWP）、一级交易商信贷工具（PDCF）、定期证券贷款工具（TSLF）、资产支持商业票据货币市场共同基金工具（AMLF）、投资者融资便利工具（MMIF）等。这是自大萧条以来美联储首次将流动性支持对象扩大到非银行金融机构和特定金融市场。这些非常规流动性支持和供应项目基本已于 2010 年失效或结束。

第三，多轮量化宽松政策，稳定金融经济形势。为稳定金融市场、刺激通胀、鼓励投资和消费，美联储进一步实施了超常规的"大规模资产购买计划"，也就是量化宽松政策。自 2008 年 11 月以来，美联储共实施三轮量宽，购买资产总规模约 3.9 万亿美元。第一轮量宽（QE1）始于 2008 年 11 月，美联储首次宣布将购买机构债和抵押贷款支持债券（MBS），并于 2009 年 3 月增加购买额。到 2010 年 4 月结束时，QE1 共购买了 1.25 万亿美元的机构债和抵押贷款支持债券、1750 亿美元的机构债券和 3000 亿美元的长期国债，主要目的是重建金融机构信用，稳定信贷市场。第二轮量宽（QE2）于 2010 年 11 月启动，2011 年 6 月结束，购买长期美国国债总额 6000 亿美元，每月购买额 750 亿美元。同时，美联储还进行了卖出到期的短期债券、购买中长期国债的"扭曲操作"，到 2012 年底结束。第二轮量宽的主要目标是增加基础货币投放，防范通货紧缩风险。2012 年 9 月，美联储宣布启动第三轮量宽（QE3），这一轮实施的是没有明确上限的"开放式量宽"，宣布每月购买 400 亿美元机构债和抵押贷款支持债券，维持"扭曲操作"不变。同年 12 月，美联储宣布每月增加购买 450 亿美元国债，以替代到期的"扭曲操作"，使第三轮量宽每月资产购买额达到 850 亿美元。以此维持金融市场的宽松环境，进一步支持经济复苏和就业。在美国经济逐步复苏、就业形势转好的情况下，美联储于 2014 年 1 月宣布将每月资产购买规模削减 100 亿美元至 750 亿美元，迈出退出量宽的第一步。2014 年 10 月，美联储结束了资产购买计划，为期 6 年的量宽政策终于画上句号。

三、实施扩张性财政政策，推出经济刺激计划

为刺激国内需求，美国政府实施了扩张性财政政策，核心举措就是减免税收和扩大开支。2008 年 2 月，小布什政府颁布以减税为核心、总额 1680 亿美元的《一揽子经济刺激法案》。该法案分两步落实，其中 2008 年落实 1520 亿美元，2009 年落实 160 亿美元，计划使 1.17 亿户美国家庭获得退税支持，平均每个中产阶级家庭每年减轻税负约 1000 美元，但富裕家庭的税收有所提高。同时还实行了首次购房税收减免、新能源汽车税收减免等政策，鼓励消费。

奥巴马政府进一步加大力度，综合运用减税和政府支出手段刺激经济复苏，于 2009 年 2 月出台《美国复苏与再投资法案》。该法案涉及总金额 7870 亿美元（后来修正为 8310 亿美元），成为第二次世界大战以

来美国政府最庞大的开支计划。法案主要目的在于：保留和创造就业岗位，促进经济复苏；帮助在衰退中受影响最大的群体；鼓励科技医疗领域的技术进步；投资于交通、环保和基建等令经济长期受益的项目；稳定州和地方政府预算。

《美国复苏与再投资法案》将占总额度37%的2880亿美元用于对个人、家庭和小型企业的减税，其中对个人的税收激励为2370亿美元，对企业的税收激励为510亿美元。其余63%的资金，从使用主体来看，18%分配给州和地方政府，帮助其减缓财政压力，其中90%以上对州的拨款均被用于医疗和教育领域；45%用于联邦支出项目。从用途领域来看，医疗项目支出1551亿美元，教育领域支出1000亿美元，救助低收入工人和失业、退休人员822亿美元，交通、环保、通讯等基础设施投资1053亿美元，提升能效和可再生能源研发投资272亿美元，住房项目147亿美元，科研76亿美元，以及一些其他领域投资。法案还设定了"买美国货"条款，要求任何经济刺激计划资助的公共建筑或公共项目使用的钢铁和其他建筑材料必须产自美国，以此强化对美产业和就业岗位的保护。

此后，奥巴马还陆续公布了一些新的经济刺激计划，规模从500亿美元到4000多亿美元不等，根据形势推出新的举措进行交通基础设施更新、鼓励企业研发、提振经济和就业。

四、推行重大金融改革，全面强化行业监管

金融危机引发了美国各界关于改革金融监管体系的呼声。2009年6月，奥巴马政府提议"对美国金融监管体系进行彻底检查"，旨在"通过改进金融系统的问责机制和透明度来保护美国金融稳定，解决'大到不能倒'的问题，通过结束银行救助行动保护美国纳税人，保护消费者

免受金融服务行为泛滥的危害"①，以确保美国不会再度陷入如此严重的金融危机。政府所提议案最终于 2010 年 7 月以《多德—弗兰克华尔街改革与消费者保护法》获国会两院通过，由奥巴马正式签署。该法案号称美国自"大萧条"以来改革力度最大、影响最深远的金融监管改革议案，反映了美国朝野对金融危机的全面反思，成为美国金融史上与《1933 年银行法案》比肩的又一座金融监管里程碑。②

第一，设立新的监管机构，扩大和强化监管权力。成立金融稳定监管委员会，与美联储一道共同作为金融市场的主要监管者，向国会负责。委员会的主要任务是识别和处理威胁国家金融稳定的系统性风险，加强市场纪律。委员会共 10 名有投票权的委员和 5 名无投票权的委员，财政部部长任委员会主席。委员会有权将对金融稳定构成威胁的非银行金融机构或跨国银行的国内分支置于美联储的监督之下，在特定条件下可要求基层金融监管部门对金融行为进行更加严格的监管，有权要求任何资产超过 500 亿美元的金融机构提交财务报告。委员会还获得了"先发制人"的监管授权，即经 2/3 多数投票通过，就可批准美联储对大型金融机构采取强制行动，以防范可能的系统性风险。

法案还规定在财政部内设立金融研究办公室，旨在通过数据收集和研究支持金融稳定监管委员会的工作。办公室主任由总统任命、参议院批准。办公室有传唤权，可以根据工作需要要求任何金融机构提供任何数据，并可以制定标准来规范数据报告的方式。办公室在薪资待遇、人员雇用等方面运作不受公务员制度的限制。法案还撤并或新设了一些监

---

① http://en.wikipedia.org/wiki/Dodd%E2%80%93Frank_Wall_Street_Reform_and_Consummer_Protection_Act，最后检索时间：2017 年 4 月 14 日。

② 杨巍、董安生：《后金融危机时代的美国金融监管改革法案——〈2010 年华尔街改革和个人消费者保护法案〉初评》，转引自张育军等：《证券法苑》第三卷，法律出版社 2010 年版，第 340—355 页。

管机构，显著扩大了美联储的监管权力，同时也加强了对美联储自身的监督。

第二，风险预防与危机处理并重，解决金融机构"大而不能倒"的问题。一方面强调对系统性风险的预防，将所有具有系统重要性的银行和非银行机构纳入美联储的监督之下。对于资产500亿美元以上的银行控股公司，以及监管者认定的其他具有系统性重要意义的非银行金融机构，法案提出了更高的资本充足率、杠杆限制、流动性和风险管理要求，具体标准由金融稳定监管委员会确定。另一方面重视危机事后处置，设立新的破产清算机制，责令大型金融机构提前做出足够的风险拨备。法案引入全新的破产清算框架——多德—弗兰克决议规则，当监管者认为金融机构出现违约或处于违约边缘、将对美国金融系统的稳定构成威胁时，可向华盛顿的联邦法院提起诉讼，启动决议程序，给予联邦存款保险公司破产清算授权，由其接管该金融机构并对其进行"有序清算安排"。

第三，制定全面金融市场规则，堵塞监管漏洞。为解决此前由于缺乏对金融衍生品监管而产生的"影子银行"问题，法案加强了对原来在场外交易的金融衍生品和资产支持证券的监管。将大部分场外金融衍生产品移入交易所和清算中心进行交易和监管，采取标准化条款，交易需要接受美国期货交易委员会和美国证监会的监督和管理。要求银行将信用违约掉期等高风险衍生产品剥离到特定子公司。对从事衍生品交易的公司实施特别的资本比例、保证金、交易记录和职业操守等监管要求。要求发行证券化产品的投资银行至少保留5%的风险资产，督促投资银行与贷款银行均合理分担和谨慎应对风险。

法案引入了"沃尔克规则"，限制美国银行进行无法令其顾客受益的投机性投资，通常被理解为禁止商业银行进行自营交易，但允许银行向私募股权基金和对冲基金以及为对冲目的进行不超过自身一级资本3%的投资。法案还加强了针对对冲基金等机构的监管，要求大型对冲基金及其他投资顾问机构进行登记，披露交易信息，接受定期检查。如果此类机构具有特大规模或特别风险，将同时接受美联储的系统风险监管。针对此前联邦监管机构缺乏对保险业监管的制度空白，法案规定在财政部内设立新的联邦保险办公室，与各州监管部门联合加强对保险公司的监管。

第四，消费者金融保护与信息公开。一是保护消费者。在美联储下设立新的消费者金融保护局，解决以往消费者保护职权分散在不同政府部门的问题。消费者金融保护局名义上是美联储的一个局，实际上运作独立性很强，美联储不得干预其重要业务，局长由总统任命，经参议院批准，任期五年，对提供信用卡、抵押贷款和其他贷款等金融产品及服务的金融机构实施监管。消费者金融保护局拥有特别权限，对资产100亿美元以上金融机构的消费者保护行为进行特别监管；有权制定规则，可以在相关领域内自行制定消费者保护条例并通过程序上升为法律；还可以与其他监管当局一样举行听证会，发起民事诉讼来执行消费者保护法律。二是保护投资者。一方面加强金融机构高管薪酬管理。给予股东在高管薪酬等方面不具约束性的投票权，允许股东通过代理人提名董事，要求上市企业的薪酬委员会完全由独立董事组成。允许监管机构强行终止金融机构不恰当、不谨慎的薪酬方案，并要求金融机构披露薪酬结构中所有的激励要素。要求上市公司制定政策，当高管薪酬是基于虚假财务报告所获得时可收回高管薪酬。另一方面，强化投资机构的信息披露和监管。设立投资者利益代表人办公室，制定"举报奖励制度"，强化对信用评级机构的监管。强调华尔街经纪人的受托职责，即客户利益高于经纪人的自身利益，规定对散户进行销售点的信息披露。加强证监会的监管职能，增加监管经费。要求部分以前可以豁免的投资顾问进行注册，尤其是首次要求对冲基金经理和私募股权基金经理进行注册，同时增加了对注册和报告内容的要求。

五、短期收效明显的同时存在长期负面影响

面对大萧条以来最严重的金融和经济危机，美国政府的迅速行动和有力举措较为有效地遏制了危机恶化，取得了明显的短期效果。自2009年中期以来，美国经济即已开始复苏。但同时，相关调整也存在一定不足、带来一些副作用，对美国经济社会长远发展和美式自由资本主义制度产生深远影响。

一是短期刺激举措透支经济未来。经济刺激计划为美国政府造成了巨额财政赤字，使不断扩大的赤字成为美国无法解决的困境。相关举措在一定程度上透支了美国企业和民众未来的投资和消费的意愿及能力。

二是利益集团内部矛盾更加激化。美国政府为缓解危机，采取了一些限制资本的措施，引发华尔街金融资本等相关利益集团的不满。奥巴马在任内面临日益增强的反对声音和力量，美国政治极化不断加剧，很多后续改革举措难以通过和落实。

三是资本主义本质难解根本问题。美国政府的举措本质上仍代表大资产阶级利益，改革内容多是治标不治本，无法解决资本主义基本矛盾这一造成危机的根本原因。同时，相关举措也未能缓解美国普通民众的生活困境，贫富差距不降反升。《福布斯》数据显示，美国最富有400人的财富在2008年一年之内蒸发了3000亿美元，但由于其资产集中于金融资产，在刺激政策影响下很快反弹。到2009年年底，这400个人的财富大多已经反弹回危机前的水平。而美国中下层人民依然是相对输家，难以看到自己的收入增长。①

---

① 王勇、白云真、王洋、刘玮：《奥巴马政治经济学》，中国人民大学出版社2015年版，第77页。

　　四是自私政策产生负面外溢效应。美元是国际货币，美国持续实行量化宽松、增加基础货币供给，实际上是在让全世界为美国经济刺激举措买单。美元持续贬值，造成全球初级产品价格显著上涨，美国外债的市场价值大幅缩水。增发的美元大量涌入其他国家，造成发展中国家的资产价格暴涨和通货膨胀。正如尼克松时期的财政部部长约翰·康纳利所说："这是我们的货币，你们的问题。"美国的霸权主义本色表露无遗。

国际金融危机背景下奥巴马推动
社会"变革"的努力

2008 年国际金融危机的爆发不仅暴露出美式自由市场资本主义在经济领域存在的深层弊端，也令长期主导美国社会的保守主义黯然失色。在此背景下，奥巴马作为"自由派"的"黑马"，2009 年入主白宫后，在加紧应对金融危机的同时，在社会领域也推行了一系列加大政府干预、注重公正平等、提升社会包容性的"变革"，引导美国社会思潮由保守主义向自由主义转变，成为国际金融危机后美国探索资本主义发展模式调整的新尝试。

一、改变理念：强调干预、公平和变革，自由主义取代
新保守主义成为美国政府的主导思想

美国政治和社会思潮"有相互交替的传统，自由到了激进，便会转向谨慎的保守，而保守到了停滞，又会出现改革的自由"①。20 世纪 30 年代罗斯福"新政"开启了现代自由主义主导美国的历史阶段，60 年代肯尼迪、约翰逊推动政府全面介入经济社会生活的"伟大社会"计划使自

---

① 楚树龙、荣予：《美国政府和政治》，清华大学出版社 2012 年版，第 73 页。

由主义达到顶峰。但"盛极必衰",此后不断扩大的民权运动和反越战运动,与 70 年代石油危机带来的经济衰退叠加,使美国社会转趋保守,直到 80 年代里根上台后推行限制政府作用、重视自由市场的"里根革命",带来保守主义全面复兴,并在此后长期主导美国社会。21 世纪初上台的小布什政府在经济财政、社会文化和外交防务上全方位推行新保守主义,被认为是当代美国历史上最保守的一届政府,却在国内导致金融危机爆发、社会贫富差距拉大,在国外深陷两场战争,大多数美国民众认为国家走在错误的发展道路上,保守主义严重受挫,美国社会思潮再次回摆。

奥巴马作为民主党人,是一个坚定的自由主义者,也曾自称"进步主义者"。他在联邦参议员任内,曾在《国家》杂志(*National Journal*)2007 年度的议员投票倾向打分中,被评为"最自由派的参议员"。奥巴马高举"变革"大旗,强调改变、进步、公平、未来等概念的自由主义价值理念,全面反对小布什政府保守主义的内外政策,在竞选期间即掀起了一阵"奥巴马旋风"。有自由派媒体人欢呼,"在经济危机中,当资本主义遭受攻击、全国民众向政府索要答案时,自由左翼分子终于拥有了一位有头脑的领袖"[1]。美国在迎来第一位黑人总统的同时,经济社会领域的治理理念也较此前发生了重大调整,其核心主要表现在三个方面。

一是强调政府干预。保守主义的"中心思想"之一是"小政府",让市场自主运行。但国际金融危机的爆发令自由市场资本主义带来的巨大风险和弊端暴露无遗。奥巴马在 2009 年的就职演讲中说,"这次危机提醒我们,没有监督,市场将会失控"[2]。上任之后,奥巴马推出一系列救市措施、经济刺激计划和金融改革方案来应对危机,均以加大政府的

---

① 克莱夫·克鲁克:《奥巴马是个自由派》,FT 中文网,2009 年 3 月 4 日,http://www.ftchinese.com/story/001025017,最后检索时间:2017 年 6 月 2 日。

② President Barack Obama's Inaugural Address. https://obamawhitehouse.archives.gov/blog/2009/01/21president-barack-obamas-inaugural-address.最后检索时间:2017 年 6 月 27 日。

干预、投入和监督为核心，带有明显凯恩斯主义色彩，纠正以往过度放任市场作用的做法。在社会领域，奥巴马推行的各类政策也贯穿这一理念，突出政府的主导作用。

二是重视社会公平。美国长期奉行"市场万能"政策的结果，是财富迅速向少数资本家集中，富者愈富、贫者愈贫。国际金融危机爆发后，美国中产阶级财富缩水、数量萎缩，社会两极分化程度创下历史新高。奥巴马认为，"国家如果仅照顾富人，就不可能持续繁荣"，各类社会福利政策"不会削弱我们的积极性，不会让我们成为一个索取者的国家，而会促使我们敢于冒险，让这个国家更加强大"①。因此，他致力于通过医疗、教育等一系列社会改革，缩小贫富差距，照顾弱势群体，缓和社会矛盾，解决美国发展的深层次问题。

三是主张开放包容。在各类社会议题上，奥巴马也秉持自由主义理念，强调开放和包容。奥巴马当选总统前，长期关注妇女、民权等议题，支持堕胎和枪支管控，反对死刑，对移民和同性恋持宽容态度。就任总统后，奥巴马积极推进男女同工同酬、移民改革和枪支管控等议程，并表示赞成同性婚姻。

由于奥巴马上台之初即面临"大萧条"后最严重的金融和经济危机，其所推行的政策又带有鲜明的自由主义色彩，因此有人将其与富兰克林·罗斯福相比，将其应对危机的举措称为"奥巴马新政"，认为2008年是"里根革命"的完结之年，2009年则是奥巴马调整完善美式资本主义、引领美国走入新发展阶段的变革元年。

---

① President Barack Obama's Inaugural Address. https://obamawhitehouse.archives.gov/blog/2009/01/21president-barack-obamas-inaugural-address.最后检索时间：2017年6月27日。

二、医保改革：旨在实现"全民医保"的平价医疗法案成为奥巴马最具代表性的政治遗产

医疗保障是衡量一个国家社会管理水平的重要指标。20世纪初，西奥多·罗斯福总统即提出在美国建立全民医保的目标，此后多位总统也曾提出不同方案，但均未成功。1965年，约翰逊总统创建了为65岁以上老年人服务的"联邦医疗保险计划"（Medicare）以及帮助贫困者和残疾人的"联邦医疗救助计划"（Medicaid），成为美国医保体系的基本支柱，并延续至今。此后历任总统改革医保的努力，包括1994年克林顿总统夫妇力推的全民医保方案，均以失败告终。

根据美式自由市场资本主义的理念，美国医保制度强调个人选择，但也因此存在明显弊端。一方面覆盖率不高，美国是唯一没有实现全民医保的发达国家，2010年有4990万人没有医保。[①]另一方面成本高昂，2008年美国人均医疗费用为7146美元，医疗费用占GDP的比值为15.2%，均居全球首位。世界卫生组织2000年评估认为，美国医保制度在191个国家中，费用最高，总体表现居第37位，居民总体健康水平则仅居第72位。[②]

奥巴马将改革医保制度、实现全民医保作为其执政的主要目标之一。就任之后，奥巴马抓住自己强势当选，而且民主党同时控制国会参、众两院的难得机遇，全力推动医保改革。经过反复协调和艰苦博

[①] Denavas-Walt, Carmen; Proctor, Bernadette D.; Smith, Jessica C.: Income, poverty, and health insurance coverage in the United States:2010（PDF）. US. Census Bureau: Current Population Reports, pp60-239.Washington, DC: U. S. Government Printing Office.

[②] "The World Health Report 2000: Annex Table I Health system attainment and performance in all member States, ranked by eight measures, estimates for 1997"（PDF）. http://www.who.int/whr/2000/en/annex01_en_pdf.最后检索时间：2017年6月29日。

弈,2010年3月23日奥巴马最终签署《患者保护与平价医疗法案》(Patient Protection and Affordable Care Act，简称 ACA，常被称作"奥巴马医改")，实现了美国社会保障体系45年来最大规模的改革。

"奥巴马医改"的规定主要围绕三个方面：一是扩大医保覆盖人群范围。"奥巴马医改"首次制定了强制参保的规则，一方面针对个人，规定凡是没有享受雇主资助的医保、联邦医疗保险计划、联邦医疗救助计划或其他公共保险项目的个人必须购买医疗保险，否则需要交纳罚款。但面临经济困境等少数情况可以例外，而且对收入高于联邦医疗救助计划要求但低于联邦贫困线4倍的人提供补贴。另一方面针对企业，规定雇用50名（含）以上全职员工的企业如不为员工提供医疗保险，则需交纳罚款。

二是降低医保整体成本。强制参保的规定扩大了参保人群，有效分散和减少了保险公司承担的风险，降低医保成本。提高了医保消费税的征收额度，并向富人的"豪华医保"征税，以此填补部分改革成本。防止过度使用医疗手段和药物，压缩老人医疗保险支付给医院和其他医疗服务提供者的巨额费用，同时进行支付方式改革，以按价值付费代替传统的按服务项目和服务数量付费。①

三是强化政府监管和参与。一方面加强对保险公司的监管。禁止保险公司因既有病史而拒绝个人参保或提高保费，限制保险公司设定每年的赔付金额，并要求80%—85%的保费必须用于医疗。另一方面强化州政府的责任。法案要求各州建立保险交易市场，由州或联邦政府运营，提供在线购买医保的平台。要求州政府将参加联邦医疗救助计划的收入上限提高至联邦贫困线的133%，并确保无法通过家庭获得医保的

---

① 王勇、白云真、王洋、刘玮：《奥巴马政治经济学》，中国人民大学出版社2015年版，第9页。

儿童得到医疗保险。

"奥巴马医改"的通过被看作奥巴马推进自由主义议程的重大胜利。据测算，该法案生效后第一个十年将使美国政府预算赤字减少近 1400 亿美元，在第二个十年减少约 1.2 万亿美元。到 2016 年年初，该法案已帮助 2000 万人获得医保，可能在 2010 年至 2013 年间帮助避免了 5 万人死亡，如果取消该法案则可能导致每年 43956 人死亡。不过，奥巴马和民主党人为了确保该法案通过，在一些条款上也作出了妥协，并未完全实现原定目标，比如在反对派的强大压力下放弃了由政府提供医保并与私营保险公司竞争的"公共选择"计划。

三、强调公平：推行"中产阶级经济学"，照顾弱势群体利益

奥巴马认为，美国此前十年的收入增长几乎全部流入 1% 的富人手中，经济发展未能惠及普通民众，底层民众向上流动的机会越来越小，社会不公平更加严重，这不符合美国的基本价值理念。"如果只有少数人过得好，越来越多人生活却难以为继，美国就无法成功。自由不应只是幸运者的特权或少数人的快乐，美国的繁荣必须建立在中产阶级不断壮大的基础上"。奥巴马将自己定位为"中产阶级和弱势群体代言人"，将重建"机遇的阶梯"，壮大中产阶级作为执政目标。

在此理念指导下，奥巴马奉行被视作"劫富济贫"的政策。一方面强化对富人的规制。他将国际金融危机的爆发归咎于华尔街的不负责任，是对华尔街公开指责最多的美国总统，将限制和监管华尔街作为应对金融危机的重要举措，出台了美国史上最严厉的金融改革方案。停止小布什政府针对富人的减税政策，并呼吁按照"巴菲特规则"进行税收改革，即要求年收入超过 100 万美元的富人纳税率不应低于 30%。另一方面改善中产阶级和弱势群体境遇。奥巴马就职不久即宣布成立由副

总统拜登牵头的"中产阶级劳动家庭工作小组",制定有利于中产阶级的就业、收入、职业培训、工作场所安全与公平等政策。在应对金融危机的过程中,突出保护普通消费者和投资者的利益,帮助受危机冲击的普通民众保留房产,并提出针对中产阶级的永久性减税计划。

2015年1月,奥巴马在年度国情咨文中,提出了"中产阶级经济学"作为其执政理念的概括,即确保每个人都得到公平的机会、合理的报酬并遵守相同的规则,分享国家的成功并为此作出贡献。"中产阶级经济学"主要包括三个要素:一是增强中产阶级的安全感,推动带薪病假和产假,提高最低工资标准,争取男女同工同酬,通过减税、增加投资、提高服务质量等举措,减轻中产阶级在育儿、教育、医疗、住房、养老等方面负担,提升生活质量。二是帮助美国人增强自身技能,提出实现社区大学免费教育,改进职业教育体系,强化对失业人员和退伍军人的再就业指导和培训,鼓励增加带薪实习机会,帮助民众提高收入。三是增强美国经济的竞争力,加大基础设施建设投资,通过签署跨太平洋伙伴关系协定(TPP)等举措抢抓国际贸易规则制定权,强化互联网、航天航空等高端科技研发和应用,改革税收体系,以此促进中小企业发展,留住并推动就业岗位向美国本土回流。

四、社会包容:推进移民改革和维护同性恋权利等自由化社会政策

(一)坚定推行移民政策改革。奥巴马主张进行更加自由化的移民政策改革,主要源自两方面因素。从个人角度讲,他既是"自由派"又是少数族裔,致力于为弱势群体争取平等权利,对少数族裔群体具有天然亲近感,认为"欢迎移民是美国生活的中心思想"。从党派角度讲,民主党一贯对移民持相对宽容态度,而且随着美国少数族裔占人口比例

持续上升，少数族裔对政治影响不断上升，推动移民改革有利于争取少数族裔群体对民主党的支持。

奥巴马就职后曾试图推动综合性移民立法改革，为美国1100万非法移民提供获得公民资格的渠道。在两党激烈博弈的背景下，法案虽在参议院闯关成功，却未能通过共和党控制的众议院，久拖不决。奥巴马在第二任期改变策略，绕开国会，转而采用行政命令的手段以求迅速实现目标。2014年11月，奥巴马颁布一系列移民改革的行政命令，主要措施包括：投入更多执法人员加强边境管理，制止非法越境活动，加快越境遣返进程；加速和简化高技术移民、大学毕业生和企业家留在美国的程序；在美国居住5年以上、其子女是美国公民或永久合法居民的非法移民，如果向政府登记、通过犯罪和国家安全背景审查并愿意纳税，将可以免遭遣返，并申请3年的居留许可；加速遣返有犯罪史并对国家和公共安全造成威胁的非法移民。新政关于暂停遣返非法移民的规定预计令400余万人受益。

（二）助力同性婚姻合法化。同性婚姻一直是美国政治上相当敏感的话题。奥巴马早期与很多政治家一样，对此表态较为模糊。但奥巴马当选总统后，助推美国社会思潮整体向自由化方向发展，同性婚姻得到越来越多的宽容和理解。2009年之后，美国允许同性婚姻的州迅速增加。在这一氛围下，并出于为连任竞选争取资本等政治考虑，奥巴马于2012年接受采访时明确表示，同性恋者应享有结婚的权利。但他同时也强调，这只是个人观点，美国各州政府仍将自行决定是否承认同性婚姻。这是美国现任总统首次公开表态支持同性婚姻，虽未采取实际立法行动，仅具象征意义，但在美国社会仍引起广泛关注。2013年1月，奥巴马在第二任期的就职演讲中明确提出支持同性恋者在法律上获得平等权利，成为首位在就职演讲中提及"同性恋"一词的总统。奥巴马的表态极大激励了同性恋人群。2015年6月26日，在全美仍有14个州禁止同性婚姻的情况下，美国最高法院判决同性婚姻在全美合法，白宫当晚打出象征同性恋权益的彩虹灯光以示庆祝。此事件成为美国在社会议题上更加自由化的重要标志。

此外，奥巴马还积极推动枪支管控立法，高调倡导应对气候变化，减轻对非暴力毒品犯罪的处罚，在众多社会议题上均体现出鲜明的自由主义色彩。

五、未竟事业：奥巴马在社会领域的自由化"变革"无法拯救美式资本主义制度

国际金融危机爆发后，信奉自由主义理念的奥巴马出任美国总统，推进多项致力于复苏经济、实现平等和开放包容的经济社会议程，取得一定成效，美国走出危机阴影，社会思潮明显左转，但未能也无法从根本上解决美式资本主义存在的长期性、结构性问题和矛盾。

（一）受困于政治斗争，奥巴马社会领域的自由主义施政议程未能完全落实。奥巴马的改革议程损害美国众多利益集团和富人的利益，也不符合美国人对政府作用根深蒂固的怀疑情绪，引发舆论强烈反弹，立法和实施过程中受到共和党百般阻挠，很多议程并未最终付诸实施。医改法案是在共和党议员无一支持的情况下强行通过的，多项关键条款被推迟实施。共和党始终未放弃推翻该法案的努力，并因此导致2013年联邦政府"关门"十余天。移民改革的行政命令也引起共和党激烈反对，26个州向得克萨斯州地方法院起诉奥巴马滥用总统权力，要求政府暂停实施行政令，获得法院支持，在上诉过程中继续获得联邦巡回上诉法院支持，最高法院终审以4：4的僵局表决结果维持了下级法院的裁决，因而移民改革未能真正推行。即使在民主党内部，也有不少人受制于利益集团和个人政治利益，反对或消极对待奥巴马的改革议程。

（二）局限于体制弊端，奥巴马自由主义"变革"无法解决美式资本主义的困境。一是贫富差距进一步拉大。在全球化大背景下，财富向少数人迅速集中，大量就业岗位向低劳动成本地区转移，奥巴马的"变革"也无力改变这一趋势。美国虽较快摆脱危机、实现了经济增长，名义失业率较危机之初大幅减少，但中产阶级获得感不足。奥巴马在2016年任内最后一次国情咨文中承认，美国贫富差距仍在加大，经济增长并未降低民众的焦虑感。二是种族矛盾依然难解。奥巴马虽成为美国历史上首位非洲裔总统，但其任内黑人被白人警察枪杀事件频发，黑人游行抗议此起彼伏，种族矛盾继续发酵。奥巴马执政末期，2/3美国民众认为种族关系不睦，40%认为比奥巴马执政前更糟。美国白人对少数族裔移民群体的疑惧情绪不断积累发酵。三是社会分裂继续加剧。美国民众对非法移民、同性婚姻、堕胎、控枪等社会议题的包容性虽整体有所提高，但保守派观点仍占据主流，两派思潮激烈碰撞、严重对立。

（三）纠结于发展方向，美式资本主义仍将长期在保守主义与自由主义之间摇摆。保守主义主导美国几十年，在国际金融危机爆发后受到质疑，奥巴马推动自由主义在新形势下重新成为美国政府指导思想，并推行自由化的经济社会"变革"。但这些举措无法解决源于资本主义制度的深层问题，反而加剧了美国社会的分裂，民众不满情绪继续积累和蔓延，多数民众仍然认为美国走在错误的发展道路上。实践证明，无论是"小政府"的保守主义还是"大政府"的自由主义，都是资本主义体制内的调整与改良，都治标不治本，都无法解决资本主义制度的内在缺陷所引发的问题，都无法获得民众的普遍认可，无法如美国自由派媒体人所欢呼的那样"为遭受攻击的资本主义提供答案"。美国未来仍将在两种理念之间反复摇摆，既有斗争，又寻求妥协，但不可能对美式资本主义制度进行根本性变革。

"特朗普经济学"评介

国际金融危机以来，美式资本主义经济遭受重创。如何带领美国走出危机阴影、重振经济和就业，一直是美国政府最关切的核心课题。美国经济经过奥巴马政府的八年调整，看似已走出危机阴影，但增长动力不足和分配不公等问题并未解决，甚至进一步凸显。特朗普政府面对美经济现实问题，出台一系列与前任不同的政策措施，助推美经济短期向好，有人称之为"特朗普经济学"。

一、国际金融危机爆发 8 年后，美国仍然面临经济不振和分配不公的问题

国际金融危机后，经过奥巴马政府两届任期的努力，美国经济在发达经济体中率先走出了衰退和停滞，实现了温和增长。经济增长率从危机之初的负值恢复到正值，道琼斯指数从 6000 多点上涨到最高的 18000 多点，房地产市场基本摆脱了次贷危机，稳步复苏，失业率从 10% 以上高位回落到 5% 以下。尽管如此，奥巴马政府末期，经济活力不足和分配不公仍是美国面临的主要问题。2016 年，奥巴马在《经济

学家》杂志上撰文 ① 指出，美国面临四大结构性挑战：刺激生产率增长，抑制日益加剧的不平等，确保每个想工作的人都有工作，建设更具弹性的经济。

经济活力依然不足。一是实体经济乏力。当虚拟经济过热现象被遏止后，美国实体产业空心化的问题进一步浮出水面，难以担当经济主要动力源的重任。破产企业数量继续不断上升，企业总体盈利连续负增长，小企业信心指数远低于历史均值。二是新的产业突破未能及时出现。美国继续在信息技术、人工智能、高端制造等方面引领世界创新潮流，相关领域看似临近突破边缘，但预计中的"第四次工业革命"迟迟没有到来，足以拉动整体经济增长的新产业集群尚未形成。三是劳动生产率下降。1995 年至 2005 年，美国平均劳动生产率增速为 2.5%，2005 年至 2015 年降至不足 1%。非农部门劳动生产率连续负增长，创 1979 年来最长下跌纪录。四是劳动参与率较低。25 至 54 岁的男女不参加劳动的比率分别高达 12% 和 26%。受上述影响，美国 2016 年经济增速仅 1.5%，为 2007 年至 2009 年的衰退期结束以来最低。国际货币基金组织等连续下调美国经济增长预期，一些经济机构甚至预测美国很快将重陷萧条。

社会分配不公问题持续恶化。美国分配领域的问题长期存在。2011 年兴起的"占领华尔街"运动，打出的口号之一就是反对人口占比 1% 的富人对 99% 的平民的掠夺。尽管奥巴马政府已经认识到分配不公的问题，但并未能有效遏制贫富分化加剧的趋势。由于经济增长疲弱，蛋糕本来就小，再加上分配不公，普通民众备感困顿，获得感严重不足。作为社会主体的中产阶级大幅塌陷，"橄榄形"社会结构不断下沉，

---

① Barack Obama, The Way Ahead, September 15, 2018, 见 https://www.economist.com/briefing/2016/10/08/the-way-ahead.

向"金字塔形"方向演变。1971 年美国国内最富裕阶层和最贫困阶层占比分别为 16% 和 4%，2015 年两个数据提高至 20% 和 9%，当年美国福布斯富豪榜前 400 名拥有的财富相当于美国中下层民众财富总和。1971 年中产阶级占总人口的 61%，2015 年已不足 50%。

二、特朗普政府推动"四减一增"措施，谋求刺激美国经济增长、扩大就业

特朗普政府总体认识到了上述经济困境，将经济和就业作为头号施政议题，在"使美国再次强大"和"美国优先"旗号下，提出的主要应对思路是：通过重振实体经济特别是传统产业，解决经济活力不足问题，刺激增长、扩大就业；在做大经济蛋糕的基础上，以"涓滴效应"下渗惠民，改善中下层民众的境地。根据上述思路，特朗普政府提出了未来十年创造 2500 万个就业机会、将经济增速提至 3.5% 的目标，并制定了"四减一增"的具体措施，包括减少行政干预管制、减少企业和个人税负、减少国际贸易逆差、削减联邦政府开支和增加基础设施投资等。

第一，减少对经济领域的行政干预和管制。特朗普认为，政府对经济的过度监管以及围绕相关规制产生的繁文缛节严重拖累经济发展。特朗普政府视改革规制为政策"基石"，一上台就宣布暂停制订和发布新的联邦管理规定，要求所有联邦机构成立规制改革小组，全面梳理不合理的监管措施，并迅速予以废止。并明确规定，未来联邦政府每发布一项新规，必须至少废除两项旧规。上述措施重点指向金融、能源以及制造业和基础设施建设等领域。

一是放松金融监管。特朗普认为，联邦政府在监督市场、防止欺诈、保护消费者利益的同时，也应保护企业利益。金融危机后美国会通

过的"多德-弗兰克法案",催生了大量新规和多个新的官僚机构,不仅未能推动经济增长,反而给银行业施加了沉重负担,导致银行无法放贷、企业无法借贷。特朗普就职后即签署行政令,在总统的授权范围内废除了该法案的部分条款。此后在其进一步推动下,2018 年 3 月美国会参议院通过议案,同意修订该法案部分内容,放宽对中小型银行的监管。

二是松绑能源产业。特朗普政府谋求通过减少对能源开发的限制,刺激能源产业发展,增加就业,最终实现能源自给自足。特朗普刚上任就签署行政命令,要求联邦政府尽快审批通过被奥巴马政府否决的"基石 XL"输油管道项目和"达科他"管道项目。2017 年 3 月,特朗普签署"能源独立"行政令①,宣布废除奥巴马政府"清洁电力计划"规定的 2030 年美发电厂减排目标,开放租赁联邦土地进行新的煤炭开采,并不再限制油气开采场所的甲烷排放等。6 月,特朗普宣布退出《巴黎协定》。10 月,美环保局宣布将废除"清洁电力计划"。

三是加快制造业和基础设施建设项目审批进度。特朗普抨击美政府对制造业和基础设施建设项目的审批复杂繁琐,有的耗时甚至长达十几年,严重损害了美营商环境、限制了相关行业的发展。特朗普要求商务部和环保署等相关部门制定精简管理法规、加快项目审批速度的行动计划,大幅加快审批进度。

第二,实施以减税为核心的税制改革。特朗普政府对美国税收制度大加挞伐,致力于推动更加简易、公平的税制改革,推广最低税率,减轻个人以及企业税负,以刺激美国国内消费和投资,实现经济增长和扩大就业。作为特朗普经济政策的"旗舰项目",特朗普上台不足一年,

---

① President Trump's Energy Independence Policy,September 20,2018,见 https://www.whitehouse.gov/briefings_statements/president-trumps-energy-independence-policy。

即在弥合各方分歧的基础上于 2017 年 12 月签署《减税和就业法案》①。法案主要包括三方面内容：一是个人所得税改革，主要是提高个税起征点，全面下调各档税率，增加儿童抚养的纳税抵扣，提高普通抵扣标准等；二是企业所得税改革，主要是改变此前联邦企业所得税税率分五档八级、最高税率阶梯为 35% 的做法，一律按 21% 的税率缴纳；三是国际税收改革，主要是变全球征税体系为属地征税体系，修改国际税收优惠体系，降低跨国公司海外利润向美回流税率，其中现金等价物和重新投资的境外收入回流税率分别调整为 15.5% 和 8%。

根据特朗普本人的说法，该法案是里根政府以来美国最大的"税制革命"，将为美国家庭总体减税 3.2 万亿美元。一个年收入 7.5 万美元的标准四口之家有望减税 2000 美元，相当于其每年税负的一半。法案也将刺激美国企业在海外滞留的约 4 万亿美元的利润向美回流。

第三，以减少美国贸易逆差为指向调整贸易政策。特朗普政府认为，当前的国际自由贸易体系纵容了一些国家在对外贸易中实施非法出口补贴、操纵汇率及窃取知识产权等违规行为，使其在对美贸易中占了便宜，同时美国与一些国家签订的双多边自贸协定并未把自身利益放在首位，这些导致美国承担巨额贸易逆差，以及大量美国工作岗位流向海外。特朗普政府突出强调"公平""互惠"在国际贸易规则中的重要性，认为在更加平等的竞技场，美国商品完全有实力在竞争中胜出，美国公司也将更愿意留在本国创造就业、缴税并重建经济。

具体而言，特朗普政府主要推动在三方面调整贸易政策。一是重审美签订的双多边贸易协定。特朗普上台伊始即宣布退出跨太平洋伙伴关系协定（TPP），与加拿大和墨西哥重谈北美自贸协定，与韩国等部

---

① The Tax Cuts Act Follows through on President Donald J. Trump's Promise of Middle Class Tax Cuts，September 15，2018， 见 https://www.whitehouse.gov/briefings-statements/tax-cut-act-follows-president-donald-j-trump-promise-middle-class-tax-cuts。

分国家重新修订贸易安排，与暂无双边贸易协定的国家举行贸易谈判，获取更多实利。二是加强贸易执法。主要是根据美国国内法频繁发起针对外国输美产品的贸易救济调查，以反倾销反补贴、打击窃取知识产权、保护美国国家安全等为由征收高额关税。三是探讨征收"边境调节税"。主要旨在对美国出口商品免税，对进口商品征收高关税，以刺激企业重返美国、在美国设厂。但"边境调节税"违反国际贸易规则，可能导致出口商和进口商利益分配不均，在美国国内争议较大，已基本搁置。

第四，以减支之名，行扩支之实。特朗普上台前曾大肆抨击奥巴马政府的财政政策导致赤字飙升，不可持续。特朗普上任后提出实施"紧缩政府开支计划"，致力于逆转联邦政府开支不断上升的趋势，主张除国防和国家安全支出外，其他各项政府支出保持每年 1% 的递减速度，谋求用 10 年时间基本实现预算平衡。但特朗普政府也逐渐认识到，其计划推动的一些政策措施必须有联邦资金的配套支持，一味减支并不可行。

2018 年 3 月，经过大半年的博弈、折冲，联邦政府经历两度短暂关门后，国会通过了 2018、2019 两财年预算案。其中 2018 财年预算总额 1.3 万亿美元，比上一财年增加了 1430 亿美元，为近年来最大增幅。主要扩支领域包括国防、边境管控特别是修建美墨边境墙、反情报、应对阿片类药物危机、改善基础设施等，主要减支对象是人文艺术领域、针对低收入人群的医疗辅助保险计划和食品补助计划。联邦政府大部分部门的预算被大幅削减，特别是环保署、国务院、农业部、劳工部等。

第五，增加基础设施建设投入。特朗普认为，美国基础设施落后，严重损害了货物出口和人员流动的安全便捷。特朗普政府视改善基础设施为美国经济新的增长点。2018 年 2 月，白宫公布《建设一个更加强大的美国：特朗普总统的美国基础设施倡议》①，宣布从六个方面推进基础设施建设：一是联邦政府计划投入 2000 亿美元，通过联邦政府与地方和私人资本合作等模式，撬动对基础设施领域总额 1.5 万亿美元的投资；二是加大对农村基础设施建设的投入；三是将基础设施建设决策权返还给州和地方，允许其根据本地实际需要进行建设；四是废除限制基础设施建设发展的行政规定；五是缩短基础设施项目审批程序；六是通过提供职业技术培训等方式，提高美国建筑工人的技术水平。

特朗普政府尤其强调交通基础设施建设的重要性，主张重点加强道路、高速公路、桥梁、隧道、机场和铁路等交通路网建设，同时兼顾电网、通讯等领域。据称特朗普团队已在全美范围内初步筛选出一系列优先建设项目。但相关项目仍然面临投资大、周期长、回报不确定等问题，切实推进困难重重。

三、"特朗普经济学"是糅合左右翼主张的政策大杂烩，短期有助于美国经济向好，但中长期可能给美经济带来隐患

第一，"特朗普经济学"不拘泥于特定"主义"，是糅合左右翼主张的政策大杂烩。主要旨在针对现实经济困境和民意诉求，回应共和党和中下层选民的关切，特别是其中的白人中产、农村地区和"铁锈地带"选民。从刺激国内经济发展的措施看，"特朗普经济学"总体偏保守主义，强调"小政府、大市场"，减少经济监管和干预，重视军力建设，同时又包含扩大公共投资等凯恩斯学派的核心政策主张，注重发挥政府在刺激投资、扩大就业等方面的作用。从对外贸易政策看，"特朗普经

---

① Building a Stronger America: President Donald J. Trump's American Infrastructure Initiative，September 21, 2018，见 https://www.whitehouse.gov/briefings-statements/building-stronger-america-president-donald-j-trumps-american-infrastructure-initiatie.

济学"奉行经济民族主义，鼓吹保护主义，反对自由贸易，同时又注重贸易对经济的拉动作用。

第二，"特朗普经济学"一定程度上有利于美国经济向好，助推了"特朗普景气"的产生。从特朗普执政首年的情况看，美国经济整体向好趋势明显，这在一定程度上归功于奥巴马政府的政治遗产和美国经济周期性扩张等因素，但特朗普政府的经济政策也发挥了重要促进作用，有助于进一步松绑经济发展，激发企业经营活力。此外，美国各界对特朗普政府进一步推进经济施政，特别是进一步加大基础设施投资等寄予厚望，推动了股市保持高位。媒体将特朗普执政以来的美国经济状况称之为"特朗普景气"。

第三，"特朗普经济学"难以从根本上解决美式资本主义经济困境，美国经济面临一系列中长期风险。一是经济的根本性问题并未触及。无法解决劳动生产率增长缓慢、贫富悬殊、社会阶层固化等长期结构性问题，难以从根本上改变经济动力不足的状况。二是贸易保护主义害人害己。过度的贸易保护主义措施将加大美国与各贸易伙伴的贸易摩擦，导致贸易伙伴的抵制和反击，提高民众生活成本，同时也将损害国际经济秩序和自由贸易体系的良性发展。三是财政的可持续性风险持续增加。根据美国国会预算办公室测算，美国财政赤字将于2020财年突破1万亿美元，比此前预测的2022年提前两年。特朗普减赤目标难以实现，美国高赤字风险将持续累积。

国际金融危机后英国的经济改革探索

英国在国际金融经济危机中遭受沉重打击，经济陷入第二次世界大战后时间最长的衰退。衰退最严重时，英国国内生产总值较危机前下降超过 7%，失业率超过 8%。在此背景下，英国政府推行了一系列经济改革措施，取得一定效果，2016 年经济增速为 1.8%，居西方主要国家前列。

一、完善宏观经济目标体系，将实现长期公共预算平衡作为重要经济目标

2010 年保守党、自民党联合政府上台后，对危机的根源进行了反思，认为工党政府的宏观经济目标体系过于狭隘，在保持低通胀和高就业的前提下一味追求高增长，为此不惜一再扩大公共开支。工党政府执政期间，英国公共开支增速在所有经合组织国家中位居第二，在经济繁荣时期仍存在财政赤字，至危机爆发时，英国结构性赤字在 GDP 中的占比超过 5%，在七国集团中名列第一。政府的巨额债务是英国在危机中遭受严重冲击的主要原因之一。为此，政府财政大臣奥斯本提出，不能狭隘地看待经济增长，必须将健康的公共财政纳入宏观经济目标体

系，为真正的可持续增长奠定坚实基础。在此思想指导下，英国政府采取了一系列措施，以求尽快实现收支平衡，主要包括以下几个方面。

一是成立预算责任办公室（Office for Budget Responsibility）。该机构于 2010 年 5 月正式成立，负责独立预测英国经济形势和政府财政状况，评估政府政策的可行性和效果，帮助政府更加合理地确定预算，在刺激经济与控制开支间实现平衡。

二是提高部分税种税率以增加收入。自 2011 年 1 月 4 日起，将消费税税率从 17.5% 提高至 20%，① 将资本收益税从 18% 的单一税率改为 18% 和 28% 两档，提高对高额收益的税收，并进一步打击逃税行为。

三是削减公共福利。2010 年，英国政府宣布采取调整养老金制度、严格就业支持津贴发放条件、削减部分儿童津贴等措施，计划至 2014—2015 财年将每年的福利支出从 1920 亿英镑削减至 1740 亿英镑，2012 年秋宣布，至 2015—2016 财年将在此基础上再削减 36 亿英镑。2015 年宣布，至 2017—2018 财年将再削减 120 亿英镑。

二、调整经济发展思路，优化虚拟经济与实体经济之间的关系

英国虚拟经济高度发达，金融服务业雇员数量达到 140 万，占全国劳动力数量的 3.6%，2011 年增加值达 1254 亿英镑，2010—2011 财年上缴税收达 630 亿英镑，已成为英国支柱产业。国际金融危机爆发后，英国金融业遭受严重冲击，政府不得不投入超过 650 亿英镑对多家大型银行给予救助，暴露出虚拟经济风险控制不力和过度自我循环、自我膨胀的问题。为打通虚拟经济与实体经济之间的联系，实现经济均衡发展，英国政府采取了以下措施。

---

① VAT Rates，https://www.gov.uk/vat-rates.

一是加大对虚拟经济监管力度，严控金融风险。首先，改革监管体制，撤销金融服务管理局，将宏观层面上的系统性监管职能交给新成立的金融政策委员会（Financial Policy Committee），将微观层面上的企业监管和行为监管职能分别交给新设的审慎监管局（Prudential Regulation Authority）和金融行为管理局（Financial Conduct Authority），构成三位一体的金融监管体系。其次，推出"围栏"（ring-fence）政策，推行结构性改革，要求大型银行将高风险的投资银行业务与零售银行业务隔离开来，确保银行出现风险后可以迅速予以分拆，保护普通储户利益，政府无须因维护社会稳定被迫救助银行，从而消除政府隐性担保，遏制银行过度投机。[1] 再次，提高银行自身抗风险能力，要求大型银行和总部在英国的全球银行资本充足率达到17%以上，远高于巴塞尔委员会一般银行7%、重要银行9.5%的规定。

二是鼓励实体经济发展。2010 年，英国将企业税从此前的28%降至23%，2015 年 4 月 1 日起将该税率降至20%，[2] 使英国成为二十国集团中企业税率最低的国家；2017 年 4 月 1 日又降至19%，并计划于2020 年 4 月将该税率降至17%。与此同时，政府大力减少对生产经营活动的行政干预，发挥企业的主动性和活力。2011 年 4 月，英国发起"挑战繁文缛节"运动（Red Tape Challenge），就涉及生产经营活动的 30 个大项、5121 条行政规定公开征求公众整改意见，先后废止 696 条，修订 1206 条。2013 年 1 月又开始实行"一进二退"政策，要求每新增一条行政规定，必须撤销两条重要性相似的规定。到 2015 年，共废止或修订超过 3000 条行政规定，每年降低企业成本约 8.4 亿英镑。

---

① James Orr and Kathryn Morgan: The Change in UK Financial Regulation and What This Means for GI Actuaries，https:/www.actuaries.org.uk，2013.

② Rates and Allowances: Corporation Tax，https://www.gov.uk/publications/rates-and-allow-ances-corporation-tax/rates-and-allowances-corporation-tax.

三是提升虚拟经济对实体经济的支持促进作用。2012 年 8 月 1 日，英国央行正式启动"融资换贷款计划"（Funding for Lending Scheme），规定银行可以 0.25% 的优惠利率从央行获得相当于截至 2012 年 6 月底自身对家庭和企业信贷总额 5% 的资金，并将各银行此后可获得的优惠额度与对家庭和企业信贷增加额挂钩，以此向实体经济注入流动性，此举也被国际货币基金组织称为"金融危机后最优秀的金融创新"。至 2014 年底，该计划累计向实体经济注资 418 亿英镑。2014 年 12 月，英国央行决定继续执行该计划至 2018 年 1 月底，截至 2017 年 3 月底，新增注资额 510 亿英镑。此外，针对中小企业融资难问题，英国筹建了中小企业发展银行（British Business Bank），该银行于 2014 年 11 月 1 日正式建立，2016—2017 财年共为中小企业融资 92 亿英镑。

三、转变经济发展方式，提高投资和外贸对经济增长的贡献率

根据 1990—2008 年的英国经济统计数据，英国经济增长主要依靠消费，对经济增长的年平均贡献率达到 69%，其次是公共开支，平均贡献率为 21%，再次是投资，平均贡献率占 15%，外贸的贡献率因为长期逆差，为-5%。由于消费和公共开支的逐年增长建立在大量借贷基础上，英国经济负债严重，政府出现巨额财政赤字，私营部门债务总额在 2010 年初达到 GDP 的 470%，为发达国家中最高。财政大臣奥斯本称之为"长期严重失衡、不可持续的经济增长模式"。联合政府上台后，推出一系列改革措施。

一是加大政府投资力度。在持续削减日常行政支出的同时，英国政府在 2011 年和 2012 年的秋季预算中增加投资性支出 100 亿英镑。在此基础上，2013—2014 财年的政府投资再增长 30 亿英镑，达到 472 亿英镑，2014—2015 财年达到 504 亿英镑。2016 年，英国政府设立规模为

230 亿英镑的国家生产率投资基金（NPIF），2017 年秋季预算中将该基金规模扩大至 310 亿英镑，重点改善交通设施、投资研发和新兴技术，提高英国的劳动生产率和长期竞争力。①

二是积极鼓励私营部门投资。2012 年 7 月，英国政府公布总额 400 亿英镑的"英国担保计划"，为部分大型基建项目的私人投资者提供信贷担保，帮助其从银行等金融机构融资，同时加快建立可再生能源定价机制，推进税收、规划等领域改革，增强私人投资者对重点行业发展前景的信心，计划在能源行业吸引 1100 亿英镑民间资本，部分重大交通项目至少 50% 的总体建设费用来自民间投资。2013 年 1 月 1 日起，英国把面向中小企业的"年度投资补贴"（Annual Investment Allowance）额度从 2.5 万英镑提高至 25 万英镑，2014—2015 年间一度提高至 50 万英镑，以便鼓励企业购买机械设备，扩大生产规模。

三是积极推动扩大出口。2011 年 11 月，英国启动"国家出口挑战"计划，提出至 2020 年新增 10 万家出口企业，不断加大对出口商的支持力度。出口信贷担保局（UK Export Finance）2012—2013 年度提供的信贷担保额达到 43 亿英镑，为 2000—2001 年度以来最高水平，并拨款 15 亿英镑用于向购买英国商品的外国进口商提供直接优惠信贷，帮助英国中小企业赢得海外合同。贸易与投资总署 2011—2012 财年共帮助 25450 家企业进行出口贸易，总共增加出口额 318 亿英镑，平均增加企业利润 21.9 万英镑，2015—2016 财年支持的出口企业数量达到 5.4 万家，帮助实现出口额 471 亿英镑。②

---

① HM Treasury: Autumn Budget 2017, https://www.gov.uk/government/topical_events/autumn-budget-2017，2017.

② OK Trade & Investment，UK Trade & Investment Annual Report and Accounts 2015-16，https://www.gov.uk/government/publications/uk-investment-annual-report-and-accounts-2015-2016，2016.

四、大力发展特色优势产业，提升经济核心竞争力

英国的金融、创意、科技等产业在全球占据重要地位。金融危机后，英国政府采取多种措施，进一步促进相关产业发展，努力提升经济核心竞争力。

一是内外兼修，倾力扶持。为加强政府的规划、设计和引领，促进创新和科研活动，英国政府 2011 年发表《创新和研究增长战略》，明确将创新和研究置于增长计划核心，加强高科技对经济增长的推动力，为行业发展起到了重要的引领和规划作用。为促进创意产业发展，政府一方面在国内为影视、动画、旅游等行业实施减税政策，有效释放市场活力；另一方面在国际上给创意产业"打广告"，通过驻外使领馆、英国文化委员会等机构，在多个国家举办"创意英国"、文化年等活动，推动创意产品和创意产业"走出去"。

二是贴近需求，培养人才。为促进相关产业发展，英国政府鼓励高校与金融城加强合作，结合广大金融机构的实际需求，通过技术孵化器、私募和风险基金咨询、业务实习、委托培养、联合推介等多种形式，不断发展并完善面向全球的"金融产学研一体化"系统，为金融城持续输送符合业务需求的专业人才。创意产业的人才培养特别重视"从娃娃抓起"，向高校延伸。政府规定中小学每周至少安排 5 小时的文化艺术课程或实践活动；高校设立创意专业学位及与产业接轨的课程，为有意投身创意产业的年轻人提供专业指导；职业教育和继续教育与企业联手实施学徒计划，打造满足市场需求的人才。在人才引进方面，英国政府专门推出重点针对人文、科学、工程、艺术等领域人才的"杰出人才签证"，从签证申请和居留方面为高素质人才"开绿灯"。

三是调动资源，鼓励参与。为调动各方面力量促进特色优势产业发展，英国政府积极推进机制体制建设，鼓励"产学研一体化"，加大科

研成果转化力度。创立了"高等教育创新基金",每年拨款 1.5 亿英镑支持高校与企业合作,并依托牛津大学、剑桥大学、曼彻斯特大学等高校科研力量,不断推进科技园区建设,促进大学科研成果转化和高新技术企业孵化。在政府的鼓励和支持下,英国企业积极赞助高校有发展潜力的科研项目,并投入大量资金自行开展技术研发。此外,政府鼓励半官方机构深入参与科研规划和管理,在市场无法拉动关键领域创新时积极介入指导。其中皇家学会、研究理事会、技术战略委员会等机构既为政府制定科研政策提出独立意见,也为公众提供科技咨询服务,同时还作为政府科研基金的主要管理者,有效支持了关键领域有潜力、有市场价值的科研项目。

五、增进地方经济繁荣,促进区域平衡发展

第二次世界大战以后,以伦敦为中心的英国东南部地区经济增长一直较快,1989 年至今,该地区的年均经济增长率超过英国其他地区大约 0.5 个百分点,产业和人口高度聚集。相比之下,英格兰东北部、苏格兰、威尔士、约克郡等地区发展速度缓慢,南富北贫的格局日益明显。为促进地方经济增长,实现区域均衡发展,英国进一步调整中央与地方的关系,赋予地方更大权力和资源。

一是建立"地方企业合作伙伴关系"(Local Enterprise Partnerships, LEP)。保守党、自民党联合政府上台后,决定裁撤原有的地区发展局(Regional Development Agency),鼓励地方政府和企业在自愿基础上建立合作伙伴关系,共同制订地方经济发展战略,实现增长,促进就业。地方政府与企业合作委员会还可申请设立工业区(Enterprise Zone),给予进驻企业税收等方面的优惠政策。目前英国共建立了 38 个 LEP,先后设立 44 个工业区。

二是与各大城市缔结"城市协定"（City Deals）。为促使城市在经济发展领域发挥更大作用，中央政府计划与除伦敦外的主要城市通过谈判逐一签订协定，赋予城市更多权力和资源，要求城市在促进经济发展方面承担更大责任和义务。至 2012 年 7 月，包括伯明翰、布里斯托、曼彻斯特等 8 个最大的核心城市先后与中央政府签订协定，英方预计此举在未来 20 年间可创造 17.5 万个就业岗位和 3.7 万个实习岗位。至 2017 年 7 月，共签订 31 项城市协定，另有两项正在谈判。①

三是加强对地方的资金支持。2013 年 6 月，英国宣布设立单一地方增长基金（Single Local Growth Fund），并把英国获得的欧盟结构基金和欧盟投资基金投入单一地方增长基金，供 LEP 申请用于改善交通，完善设施，开展技能培训等，以消除发展瓶颈。加上此前设立的区域增长基金（Regional Growth Fund）、公共工程优惠信贷（Public Works Loan Board）等项目，地方在 2012—2013 财年与 2020—2021 财年间共可从中央获得超过 200 亿英镑的资金用于促进经济增长。

从目前情况看，英国经济改革取得了一定效果，但前景并不明朗。英国经济近期虽有所好转，但结构性问题依然严重，实现再平衡将是长期的过程，加之由于英国脱欧结果难料，英国经济面临较大不确定性，而且经过多年削支减赤，基层民众饱受冲击，不满情绪滋生，导致保守党在 2017 年 6 月提前大选中丧失议会绝对多数席位，政府被迫对政策措施进行调整，适当增加医疗福利支出，在"保民生"与"促改革"之间寻求平衡，未来经济改革动向仍需进一步观察。

---

① Matthew Ward: Local Growth Deals，http://researchbriefings.files.parliament.uk/douments/SN07120/SN07120.pdf，2017.

国际金融危机后英国的政治改革措施

2008 年国际金融危机凸显了英国政治体制的缺陷，许多专家学者认为经济危机使资本主义陷入了"合法性危机"，① 表明政治体制发生了"故障"，存在"严重的功能失调"，政治权力主要是为市场和金融寡头而非民众服务，选举需要压过了国家长远利益需要。在此背景下，英国政府尝试推行了一系列政治改革，在部分领域取得一定成效。

一、政治制度改革

一是推动下院选举制度改革。议会下院是英国最高权力机构，其选举实行所谓简单多数制，即在每个选区的多位议员候选人中，每个选民只投票给其中一位，赢得最多有效选票的候选人无论票数是否过半都将当选议员，获议会下院过半议席的政党将成为执政党，其领袖自动成为首相。如无任何政党议席过半，则议席最多的政党获得优先组阁权，可谈判筹组联合政府。简单多数制简单易行，便于操作，产生的政府通常

---

① John Plender，"Capitalism in Crisis: The Code that Forms a Bar to Harmony"，*Financial Times*，Jan 6，2012.

比较稳定，但其"赢者通吃"的规则更有利于大党，小党即便在全国获得较高得票率，也很难得到与之相符的议席数。长期以来，自民党等小党强烈要求将下院选举制度改为排序投票制，即选民可以在选票上按照自己的偏好对候选人进行排序，得票率超过50%的候选人直接当选，如果没有候选人得票过半，得票最少者的选票将被分配给其他候选人，直至有候选人得票超过半数。2010年自民党与保守党组成联合政府后，将推动选举制度改革作为首要任务。2011年5月，英国就是否将简单多数制改为排序投票制举行全民公投，结果参与公投的选民近70%投票反对，简单多数制得以保留。

二是推动议会上院改革。英国议会上院又称贵族院，主要由王室后裔、世袭贵族、新封贵族、教会主教等组成，全部为任命产生。上院有权审查下院通过的法案并提出修正案，还可要求推迟其不赞成的立法，并长期保留最高司法权。2009年，英国成立最高法院，取消上院的最高司法权。2011年，英国政府提出上院改革法案，提出将上院议员人数从700余人减少至300人，且其中80%由选举产生，但该法案未能在下院通过。2014年，英国通过新的上院改革法案，明确了上院议员辞职程序，并明确规定可将被定罪并判处一年以上徒刑的议员驱逐出上院。2017年10月公布的最新上院改革建议方案提出，将上议员人数减至600人，其中至少20%应为独立议员或跨党派议员，各政党能够任命的上议院议员人数应与大选结果挂钩，并限定新任上议院议员任期为15年。①

三是实施议会下院固定任期制。依照传统，虽然下院议员任期为5年，但首相可以在任何时间提前解散下院举行大选。为增强议会的稳定

① House of Lords Reform in the 2017 Parliament，https://researchbriefings.parliament.uk/ResearchBriefing/Summary/CBP-8137.

性，英国于 2011 年通过《议会固定任期法》，规定提前举行大选的动议必须在议会下院获得三分之二多数支持，方可提前解散议会下院举行大选，否则下次议会下院选举将在 5 年后 5 月的第一个星期四举行。

二、行政体制改革

在英国的行政体制下，除了作为政府内设机构的部委外，还设有大量的公共机构和公共团体（agencies and public bodies），负责提供政府服务或公共服务，经费全部或者部分来自财政拨款。截至 2010 年 5 月，英国共设有 900 余家公共机构和公共团体，为了提高效率，削减开支，英政府制定了《半官方机构改革计划》，并于 2011 年通过了《公共机构和公共团体法》，为公共机构和公共团体的裁撤、合并、改革等工作提供了法律依据。在此基础上，英国内阁办公室牵头对所有公共机构和公共团体进行审核，进一步厘清其职责，推行精简合并，从而减轻财政负担，提高政府和公共服务水平。到 2015 年 12 月，英国总共裁撤 290 多个公共机构和公共团体，并将 165 个公共机构和公共团体合并为不到 70 个，5 年间总共削减行政开支 30 亿英镑。①

2015 年至 2020 年间，英国计划继续推进相关改革，一是对于隶属于不同政府部门、但在类似或者相关领域提供服务的公共机构和公共团体进行跨部门测评，以便推进跨部门合并、后勤资源共享，加强跨部门合作。二是对所有重点机构团体进行量身定制的深度测评，以便进一步深化改革。

---

① Achievements of the 2010-15 Public Bodies Reform Programme，https://www.gov.uk/government/speeches/achievements-of-the-2010-15-public-bodies-reform-programme.

三、权力架构改革

近年来，英国持续向苏格兰、威尔士、北爱尔兰下放权力，立法允许三地成立地方议会，以便在决策制定过程中更好地考虑当地民众的需求。国际金融危机后，议会下院先后通过了《北爱尔兰法2009》《威尔士法2014》《苏格兰法2016》《威尔士法2017》等法案，在此前基础上持续向各地区下放权力。

其中苏格兰新获得的权力最大，包括修改地方选举制度的权力、海上油气开采等领域的立法权、王室财产的管理权、在苏格兰地区英国交通警察的管理权、苏格兰地区所得税的制定权。威尔士获得的权力大致相当，但并未获得所得税的完全制定权，只能将所得税税率上下浮动10%。随着政局更加稳定，北爱尔兰主要获得了司法和警务领域的立法权。

由于英格兰尚未建立地方议会，仅涉及英格兰的立法工作仍由英国议会下院完成。这就导致了一个问题：在立法权已下放至地区议会的事项上，来自英格兰地区的下院议员无权干预，但在仅涉及英格兰地区的相关事项立法过程中，来自其他三个地区的下院议员仍然有权投票，由此造成了地区间的不公平。为解决这一问题，英国议会下院2015年投票通过新规，规定如果立法事项仅涉及英格兰，则仅有来自英格兰地区的议员具有投票权。

四、人事管理改革

国际金融危机后，英国经济陷入严重困难，保守党与自民党联合政府2010年上台后将削减赤字作为首要任务。为缩减政府支出，英国政府从2010年开始连续3年冻结年薪2.1万英镑以上公务员的工资水平，并规定各部门严格控制包括工资、津贴、奖金在内的公务员薪酬预算。近年来虽然英经济形势有所好转，但发布的《2015—2016 财年公务员工资发放指导意见》① 中继续要求各部门薪酬预算年增长率不得超过 1%。

控制公务员薪酬增长的同时，英国政府还大力推动改革公务员工资增长制度。2013 年 6 月，财政大臣奥斯本宣布，政府公务员和部分公共部门工作人员按照工作年限自动晋升工资档次的做法"已经过时"，对于需要承担相应财政负担的私营部门而言"极度不公"，必须加以改革。改革的宗旨是将工资增长同工作年限彻底脱钩，改与绩效表现挂钩。通过对公务员工作目标完成情况、管理技巧、人际沟通能力、工作态度、专业技术水平、工作经验等进行综合评估并加权汇总，确定其绩效表现，并将之与不同的工资增长率或者工资级别晋升规则相对应，保证绩效表现突出的公务员获得较高的工资增长率或者更多的工资等级晋升机会，一方面可以降低公务员工资增速，另一方面也将对公务员产生长期、持续的激励效应，提高政府工作效率。

英国财政部提出 2015—2016 财年在公务员系统中全面废除自动晋档制度，现已完成。公务员工资改革也为其他公共部门推行类似改革发挥了先行示范的作用，除军队仍暂时保留工作年限工资增长制外，教师、医生、护士、警察等多个公共部门的绩效工资增长制改革正在稳步推进。鉴于英国公共部门雇员总人数超过 540 万，占总劳动人口的17%，其薪酬支出占政府各部门预算开支一半以上，此项改革将对英政府减支增效产生较明显的推进作用。与此同时，由于英国近来经济形势好转，经济增速在西方发达国家中位居前列，持续限制公务员工资增长

---

① Civil Service Pay Guidance 2015-2016，https://www.gov.uk/government/publications/ civil-service-pay-guidance-2015-to-2016/civil-service-pay-guidamce-2015-to-2016.

已对公务员队伍稳定造成一定影响。如财政部近期的人员流动率已经达到18%。高级公务员工资审查委员会也建议政府适当提升工资水平以留住高端人才。

从目前情况看，虽然英推行了一系列政治改革，在机构调整、权力下放等领域取得一定成效，显示出一定的自我调节修复能力，但在选举等根本政治制度改革方面举步维艰，说明其难以从根本上解决英式资本主义深层次矛盾，未来的政治改革道路仍十分漫长。

国际金融危机后英国资本主义模式的
调整与变革

2008 年国际金融危机充分暴露了英国资本主义模式的各种内生缺陷，引发精英阶层的深刻反思，以保守党为代表的右翼力量主张化危为机，建立"对社会负责的、真正的大众资本主义"，并实施了一系列改革措施，取得一定成效，推动英经济重新焕发活力，但同时也造成贫富差距拉大、民众不安全感上升等新问题，未来的改革之路依然艰巨。

一、英国资本主义模式在金融危机后面临严峻挑战

国际金融危机重创了英国经济，也使其资本主义模式面临严峻挑战。一是原本被奉为圭臬的新自由主义发展理念饱受诟病。许多人批评新自由主义过分推崇市场，极力宣扬"完全自由的市场的优越性"，将国家对经济的适度介入和监管视为障碍，在发展理念上走向极端，是导致市场紊乱、投机无度、最终引发金融和经济危机的重要根源。二是经济金融化、虚拟化的发展路径广受质疑。人们认为，经济过度金融化严重削弱了实体经济，造成产业空心化、就业流失、竞争力下降，经济失去稳固支撑。《金融时报》等媒体指责金融资本主义实际上是一种"赌场资本主义"，必然会以灾难性的失败而告终。三是政治体制缺陷进一

步凸显。许多专家学者认为经济危机实质上是一场"民主危机""政治意志危机",表明政治体制遇到了"障碍",出现了"机能故障",存在"严重的功能失调",政治权力主要是为市场和金融寡头而非民众服务,政客们则将选举胜利这一狭隘的利益看得比国家的长远利益更为重要。四是资本主义的合法性危机进一步暴露。人们认为,英国的核心问题是社会不平等日益加剧,大多数民众收入水平停滞不前,中产阶层日渐萎缩,多年来形成的"橄榄形社会"逐渐瓦解,"资本主义所依赖的生活方式正在被摧毁"。

二、英国保守党对资本主义制度模式的反思

面对危机和挑战,英国保守党作为主要的右翼政治势力,对资本主义制度模式进行深入反思,提出要以金融危机为契机加快改革,建立"有良知、有道德的资本主义",主要主张如下。

一是政府需要对市场进行适当而有效的监管。监管是确保市场顺畅运行的重要条件。保守党认为,前工党政府错误地进行监管,导致小公司受限于政府的条条框框,而银行却自行其是。为此应加强金融监管,确保银行更好地为民众及企业服务,形成风险和回报的更佳平衡。在公共服务领域,应打破大企业和政府的控制垄断,鼓励更多小企业进入。这些决不意味着更多的管制,而是更少但更有效的管制,政府要做的是设定明了易懂的有力框架,而不是冗长无用的官样文章,这样才能确保市场既自由又公平。

二是重新确立风险、辛勤工作和成功回报三者间的关系。通过赋予股权持有者充分权力、提高市场的透明度、制订相关法律法规等手段,限制金融等行业滥发红利的行为,反对经营不善的企业高管领取高薪,同时支持在激烈竞争的市场环境中创业成功者和作出突出业绩的商业精

英获得与其付出和贡献相匹配的高额报酬。

三是政府必须体现政治担当，敢于决策。政府必须从国家和民众的长远利益而非短期选举利益出发制定决策，在基础设施建设、金融监管制度改革、削减公共开支和财政赤字、开发利用核能等一系列存在较大争议的问题上，必须有勇气果断做出决策，这样才能有效推动英国经济深层次结构性改革，实现经济繁荣、社会发展。

四是保证机会平等。除非每个人都能获得参与并从中获益的真正机会，否则，资本主义不会受到真正的欢迎。这就意味着应更加强调机会均等。但如果有人因教育程度过低而自动被排除在外，或滋长依赖政府救济的思想，也不可能建立起公平经济。民众要想获得成功，必须得有能力。

三、英国保守党政府的改革实践

2010 年保守党成为主要执政党后，采取一系列政策措施，将其对英国资本主义模式的改革设想付诸实施，并取得一定成效。

一是优化政府监管，建设更加公平、自由的市场。在金融领域，加强监管，要求大型银行将高风险的投资银行业务与零售银行业务隔离，遏制银行过度投机。要求大型银行和总部在英国的全球银行将资本充足率维持在 17% 以上，提高银行自身抗风险能力。在公共服务领域，向当地社区、慈善机构和公众下放更多权力和资金。改革国民医疗服务体系，鼓励更多私营医院和慈善机构参与医保服务。赋予教育机构更多自主权，鼓励家长团体、商业和慈善机构自主办学。在生产经营领域，发起"挑战繁文缛节"（Red Tape Challenge）活动，至 2015 年共废止或修订超过 3000 条行政规定，每年降低企业成本约 10 亿英镑。

二是鼓励创业，恢复经济活力。为给创业者创造机会，减少"机会只属于少数人"的担忧，保守党主导的联合政府修订《企业家救济法》，使公司创立人能够占有更大份额的公司利润；推出"创业者签证"，吸引全世界的创业者来英国投资兴业；为创业者提供一系列包括人员招聘、法律咨询、资金补贴等便利化服务；对在英投资创业提供税收优惠等，鼓励投资创业活动。为鼓励民众支持企业成长并分享其成功，英国政府降低资本所得税税率，并通过对投资小企业的民众予以税收减免而刺激持股，以建立"更公平的经济"。

三是努力提高决策效率。保守党主导的联合政府上台后不久即克服干扰，迅速严肃财经纪律，采取提高消费税率、精简政府机构、削减公共开支等具有争议的政策措施以实现削支减赤；支持国外企业和资本参与英核能开发等重大基础设施项目建设以刺激经济增长；坚定推进医保、养老等重大改革以实现政府长期减负。甚至在英经济二次探底、社会反对声音日隆的情况下，英国政府仍不为所动，坚持实施既定政策方针。

四是倡导机会平等，改革教育和福利制度。英国政府坚持变"结果平等"为"机会平等"的改革理念，进一步弱化福利普遍性原则，加强了选择性。削减保障性住房津贴，限制儿童福利范围，延长退休年龄，降低最终养老金支付水准，收紧就业津贴发放条件，对就业适龄人员的失业救济金封顶，鼓励民众摆脱对政府补贴的依赖。同时逐步提高最低工资水平和个人所得税起征点，引导民众通过积极就业提高收入水平，努力推动英向"高工资、低税收、低福利"国家转型。同时大力改革教育体系，使资助政策向最贫穷的学生倾斜，并在削减公共开支的情况下继续加大早期教育投资。

四、改革利弊参半，英国资本主义模式或进一步向"中间"调整

英国政府 2010 年以来采取的一系列改革措施在恢复经济活力等方

面取得较明显成效。截至 2017 年第一季度，英国内生产总值实现连续 19 个季度增长，失业率持续降低，经济总量超过法国成为欧洲第二、世界第五，财政赤字持续增长的势头也得到遏制。但与此同时，由于持续削减福利，英国内贫富差距日益拉大。根据国际慈善救助组织乐施会的研究，2010 年至 2015 年，英国最贫穷的 10% 的人口纯收入减少了 38%，最富裕的 10% 的人口纯收入仅减少 5%，贫富分化上升至第二次世界大战以来最高水平。2016 年 6 月，英国出人意料地公投脱欧，背后的重要原因之一就是普通民众对精英阶层不满情绪上升，将支持脱欧视为报复精英阶层的手段，最终导致英首相卡梅伦辞职，政府更迭。

在此背景下，特雷莎·梅继任首相后，明确表示英国政府将发挥更大作用，实现经济包容性增长；保障并增进劳动者合法权益，促进广大基层民众的利益，大力解决民众所关注的就业、住房、教育、医疗等民生问题；消除社会不公，缩小贫富差距，推动机会均等；让民众掌控个人命运，施展个人才华。梅宣布于 2017 年 6 月 8 日提前举行大选后，保守党打出致力于建设"服务所有人的强大经济"的口号，提出增设上市公司董事会员工代表、利用脱欧后回流资金设立"英国共享繁荣基金"以减少地区不平衡、5 年内至少为国民卫生服务体系（NHS）增投 80 亿英镑、将最低工资提至收入中位数的 60%、允许职工享有一年无薪假期照顾家人、2020 年前建成 100 万套住房、至 2027 年完全消除无家可归现象等政策主张，但同时也提出了增加社会护理费用、取消学校免费早餐等带有紧缩色彩的措施。

大选中，保守党共获得 318 个席位，虽然仍为第一大党，但议席数较 2015 年减少 13 席，并丧失议会绝对多数地位，需与北爱民主统一党合作方能继续执政。反对党工党则凭借推动水务、铁路、能源、邮政等行业国有化、增加高收入群体个人所得税、取消大学学费、未来 5 年向国民卫生服务体系注资 300 亿英镑等更加"左倾"的经济民生政策，将议席数从 2015 年的 232 席提升至 262 席，增强了自身作为反对党的影响力。

大选后，保守党进行了总结反思，认为选举结果不尽人意的关键在于竞争中的少数紧缩政策引发民众不满。未来在工党的强有力竞争下，保守党可能进一步与前领袖卡梅伦的紧缩政策切割，在经济、社会、民生等领域更加强调发挥政府作用、维护社会公平，推动英国资本主义模式进一步向"中间"调整。

英国政治精英"负责任资本主义论"评析

　　2008 年爆发的国际金融危机对西方发达国家产生强烈冲击，欧美失业率居高不下，欧元区深陷债务危机，经济复苏乏力，各国政要、媒体和专家学者不得不对资本主义面临的困境进行反思。2009 年 1 月，英国保守党领袖卡梅伦在瑞士达沃斯世界经济论坛发表题为"我们需要受欢迎的资本主义"的演讲。2012 年 1 月，已担任英国首相的卡梅伦，自民党领袖、副首相克莱格和反对党工党领袖米利班德先后发表讲话，剖析英国经济社会困境和资本主义面临的危机，分别提出建立"有道德的资本主义""更负责任、更慷慨的资本主义"和"负责任的资本主义"等观点。① 英国政党领导人希望为解决危机寻找良方，但远未触及根本性矛盾。

---

① David Cameron，'Moral Capitalism' Plea，http://news.bbc.co.uk/z/hi/bisiness/da-vos/7860761.stm；David Cameron，Cameron's 'Moral Capitalism' Speech in Full，http://www.politics.co.uk/comment-analysis/2012/01/19/cameron-moral-capitalism-speech-in-full；Edward Miliband，Building a Responsible Capitalism，http://onlineli-brary.wiley.com/doi/10.1111/j.1744-540x.2012.00677.x/f；Nick Clegg，Speech on Responsible Capitalism，https://ianshires.mycouncillor.org.uk/2012/01/27/nick-clegg-speech-on-responsilbe-capitalism/.

一、卡梅伦、克莱格、米利班德等人的基本观点和主张

一是认为多种因素叠加引发了国际金融危机。危机的主要根源包括：传统的自由市场理论失灵，虚拟经济过度发展；权力过度集中在既得利益集团手中，政府被利益集团"绑架"导致监管缺失或不力；社会契约失效，极少数超级富人对社会财富的掠夺和"红利文化"失控使社会不再公平公正；传统价值观、道德丧失，急功近利、不劳而获思想蔓延等。资本主义陷入了前所未有的信任危机。卡梅伦和米利班德还相互指责对方政党执政时政策失误。卡梅伦认为，英国危机的根源是工党不相信市场能发挥作用，视大型企业利益等同于整体经济利益，执政期间大举借债以应付政府干预带来的庞大公共开支和福利支出，使公共财政背负巨额赤字，经济增长难以为继。米利班德则批评前保守党领袖撒切尔夫人执政时，采取大规模私有化、降低税率、放松监管等自由市场主义政策为国际金融危机埋下了祸根。保守党、自民党联合政府过度过快削减开支抑制了经济需求，影响了经济复苏。

二是相信资本主义制度的缺陷可以通过自我改良得到完善。卡梅伦认为，开放的市场和自由企业是促进人类财富和幸福的最重要力量。资本主义体系存在缺陷，但资本主义扩大了所有权，增加了机会，与政治自由相辅相成。应利用这次危机完善市场而非破坏它，通过反思建立一个更公平、更有价值的经济。米利班德称，21世纪资本主义是否会衰落，取决于政治能否向有缺陷的经济模式发起挑战。当前英国只追求自由市场原则而忽视社会公正的模式存在问题，需要签订新的社会契约，彻底改变"不劳而获"的价值观体系和体制性不公，应比过去任何时候更强调公平公正。克莱格认为，虽然资本主义目前成为政治攻击目标，但这只是其成功历史长河中的短暂一瞬。市场催生了思想、创新和实践，从来没有其他人类创新带来如此大的进步或以如此大的幅度提高人

民生活水平。资本主义制度并未陷入危机，关键是要使市场成为"大众的市场"而非少数人的市场。

三是呼吁建立"有良心的""负责任的"资本主义。卡梅伦指出，资本主义变得不受欢迎的主要原因：一是道德框架明显丧失，危机的根源是不计后果和贪婪；二是资本主义与人民生活脱节，人们无法掌控自己的命运。更严重的是社会极其不平等，赢者通吃。必须确保市场既自由又公平，坚持社会责任的理念，建立"有良心的资本主义"。要加强企业的社会责任，提高工商界的薪酬和奖金透明度，杜绝奖励失控现象；开放机会和企业，使员工更多参与公司经营和分享红利；减少政府管制，代之以更有效的管制；鼓励创业、竞争和冒险精神，确保机会均等。米利班德称，英国必须恢复"一分辛苦一分收获"、努力工作、团结互助的传统美德。未来工党将采取措施建立"更公平、更负责任的资本主义"。将重塑金融业与实体经济的关系；改变企业急功近利的心态，建立负责任的商业；企业、个人和社会共同承担职业技能培训的责任；限制高管薪酬，改革福利制度使努力工作者获得回报；培养一种创造更好就业，新公司、新产业不断增长的经济，使英国工业更有国际竞争力；改变私人垄断部门一手遮天现象，保护消费者权益。克莱格强调，问题不是资本主义色彩太重，而是太少人拥有资本。解决的办法是建立经济领域的公民社会，使权力掌握在更多人手中，联合政府要特别加强股东和雇员权力。政府将成立专门委员会调查研究有效的多种公司所有制形式，为公司采纳员工参股制提供参考模式。

二、英国政党领导人反思的深层原因

一是盎格鲁-撒克逊发展模式受到质疑。以英美为代表的盎格鲁—撒克逊模式崇尚自由市场和资本的力量，排斥政府监管，主张资本突破国家边界，是全球化的主要推手。20 世纪 80 年代，该模式逐渐向新自由主义发展，更加强调自由化，放松金融监管，公共部门私有化和削减社会福利，使市场和资本的力量大大增强。前保守党领袖撒切尔夫人及前工党领袖布莱尔执政期间使之得到充分发展。随着全球化深入发展，享受到低价国际能源和工业产品的英国开始大力发展金融业，将制造业大规模转移到发展中国家，导致国内虚拟经济泡沫严重、产业空心化。加之金融业过度创新、超前信贷消费和对金融投机的监管不足，英国在美国次贷危机发生后首当其冲，出现金融危机，并沦为最早陷入经济衰退的西方国家。在对这场危机的反思中，受到最大批评的就是自由资本主义发展模式。

二是政府努力使英国摆脱经济社会危机，但效果不彰。危机发生后，布朗领导的工党政府采取一系列举措，如实施扩张性财政政策，大力救助银行业，扩大"量化宽松"货币政策规模，以刺激经济增长。但由于政府财政赤字数额巨大，经济复苏效果不彰，工党失去执政地位。2010 年 5 月保守党、自民党联合政府上台后，着力削减财政赤字、恢复财政平衡，改革金融体系，取消金融监管"三驾马车"，并努力寻找新的经济增长点。英国经济一度有所好转。但随着国际金融危机后续效应持续发酵和核心贸易伙伴欧元区深陷债务危机，2011 年第四季度英国经济再现负增长，全年仅增长 0.7%。公共财政依旧吃紧，政府总债务高达 1 万亿英镑，占 GDP 的 64.2%。失业率高达 8.4%。私人部门复苏乏力，银行惜贷，实体经济融资无门。穆迪公司将英国列入负面观察名单。英国成为西方主要经济体中唯一陷入"二次衰退"的国家。同时，由于政府对社会福利、医疗体系和税收制度进行大刀阔斧的改革，民众深感"切肤之痛"，反对削减工资、福利和提高学费的抗议示威频发，伦敦等多地发生严重骚乱，"占领伦敦"运动持续数月不息。英国陷入经济社会双重危机。

三是主要政党急需创新执政理念、恢复民众信任。撒切尔夫人的新自由主义理论和布莱尔的"第三条道路"被指为危机根源,政府为应对危机所作的种种努力未能得到民众理解和支持,加之"报销门""窃听门""政治献金门"等丑闻不断,英国政党遭遇理论决策失误、执政能力不足以及政客不负责任等猛烈批评。三大政党的权威性和民众信任度大幅下降,经济社会危机又演变成政治危机。此次危机凸显了英国社会价值观缺失、贫富差距加剧,已严重影响到社会"健康"。长期以来,优厚的福利保障体系养育出越来越多干吃福利的懒人。一些公民家庭观念日益淡漠,青年人缺乏管教,犯罪率攀升。根据经合组织数据,过去十多年英国收入差距恶化的速度快于其他任何富裕国家。即使深陷危机,在政府用纳税人的钱为银行纾困付出巨大代价之时,一些即将破产的公司仍给高管发放巨额薪酬和奖金。日益严重的两极分化成为时刻威胁社会安全的"定时炸弹"。在此背景下,三党迫切需要创新执政理念,找到应对经济社会危机和政党政治危机的"灵丹妙药"。

三、对国际金融危机之本质的认识

英国政党领导人认为本次危机是对新自由主义理论的信任危机,希望通过建立"负责任的资本主义"来解决的想法显然是治标不治本。英国经济社会的困境是市场经济体制、政治体制、社会福利体系、价值观体系等各环节矛盾综合作用的结果。金融业快速膨胀,虚拟经济绑架实体经济,政府监管缺失,政府公共开支过于庞大等,是资本主义制度固有矛盾发展到一定阶段的必然结果。英国政党领导人否认危机与资本主义制度本身有关,认为更多是新自由主义理论的政治危机或者信任危机,资本主义是迄今最能满足人们需要的制度,它需要的是革新而非毁灭。其提出的稳定金融市场、推动经济再平衡和限制超级富人的收入等政策主张，只是对经济和社会的结构性问题进行修修补补，很难从根本上予以解决。不通过真正变革和制度保证，而是寄希望于企业家、银行高管的良心发现来建立"有道德的市场"，使财富分配更加公平公正，明显过于理想和天真。

英国政党领导人想要改变市场与政府关系、虚拟经济与实体经济关系、经济和政治精英与普通民众收入分配之间的关系等说易行难。一是英国经济多年重虚拟、轻实体，制造业比重不足10%，金融等高端服务业占国内生产总值的四分之一，金融业"大到不能倒"，要回归制造业并不容易。二是政府为解决借贷消费弊端采取的紧缩财政、严肃财经纪律措施虽有一定合理性，但也抑制了消费需求和经济增长。同时，大幅裁员、削减养老金和儿童福利及提高高等教育学费等，面临来自工会和民众的更大阻力，可能引发新的社会矛盾。三是政党为赢得选票，不可能斩断同既得利益集团的联系和摆脱选举政治掣肘。据媒体披露，保守党2010年政治捐款一半来自大银行、私募股权和对冲基金，工党政治捐款的85%来自工会。联合政府一再推迟银行业改革，限制银行高管薪酬也是雷声大、雨点小。

"公投政治"对英国的冲击及影响

2010 年以来，以保守党为主导的英国政府大刀阔斧推行各项改革，英国经济逐渐走出危机、企稳向好。然而，这时却发生了一个举世震惊的事件——英国举行全民公投决定退出欧盟。"脱欧公投"的发生和"公投脱欧"的结果短期内给英政治、经济、社会造成巨大冲市，被视为 2016 年"黑天鹅"事件之一。近两年来，英国内政局仍不时因"脱欧"而动荡，"脱欧"对英经济影响逐渐显现。

一、英国公投脱欧及其短期冲击

英国如何走到公投脱欧这一步？英国疑欧主义由来已久，根深蒂固。历史上，英国一直以维持欧洲大陆国家"均势"为外交政策的基点，曾长期恪守"光荣孤立"政策。1971 年，英国迫于形势加入欧共体，但一直是欧洲一体化进程中要求"例外"最多的成员国，也始终没有加入欧元区和申根区。英国在建立欧洲独立防务体系上与德国、法国唱反调，主张维护北约而非欧盟自身的军事主导地位。由于英美特殊关系在英外交政策中的优先地位，英国甚至被戏称为美分化欧洲的"特洛伊木马"，英国人自己也曾自嘲"加入欧盟就是为了从内部瓦解欧盟"。

2009 年底随着欧债危机的爆发和蔓延，英国内对欧盟的质疑加剧，脱欧倾向再度明显。为了争取民意支持，安抚党内"疑欧"派力量，保守党在 2010 年竞选纲领中承诺从欧盟收回部分权力。2013 年，保守党领袖卡梅伦承诺，如该党赢得 2015 年大选，将于 2017 年年底前就英欧关系前景举行公投。2015 年 5 月，保守党如愿胜选并单独执政。为了兑现承诺，卡梅伦宣布 2016 年 6 月举行公投。公投结果出人意料，51.9%的投票民众支持"脱欧"，48.1%的投票民众支持"留欧"。虽然双方票数相差不大，但根据简单多数决定结果的原则，英国决定退出欧盟。

公投结果在哪些方面产生巨大冲击？公投脱欧的结果对英国内造成严重影响，并产生巨大外溢效应。

首先，国内政坛发生巨震。首相卡梅伦被迫辞去保守党领袖职务，党内大佬竞相谋求接任。工党领袖科尔宾因在脱欧问题上的立场深陷信任危机，多名影阁大臣相继辞职，党内"倒科"势力"暗流涌动"，引发一年内两次领袖选举风波。素有"苏格兰独立"诉求的苏格兰民族党不满脱欧结果，宣称将全力争取留欧，与保守党矛盾更加尖锐。强烈主张"脱欧"的独立党领袖法拉吉"狂喜"之后宣布自己已经完成推动英国走上脱欧之路的使命，辞去党首职务，其后独立党几易党首，迷失前进方向。

其次，市场出现明显波动。公投结果揭晓当天，英镑兑美元汇率贬值 8%，跌至 1985 年底以来最低水平；国际三大评级公司之一的穆迪虽保持英国的主权信用评级为"Aa1"水平未变，但将评级展望从"稳定"下调至"负面"。6 月 27 日，另一家评级公司惠誉宣布，将英国评级从"AA+"调降至"AA"，并将评级展望改为"负面"。同日，三大评级机构中最后一家标普宣布将英国主权信用评级由最高级"AAA"连降两级至"AA"，这也是标普首次将一个国家信用评级从最高级一次性连降两级①。

第三，民意愈加迷茫。此次公投结果反映出，英国支持留欧和支持脱欧的民意相差并不悬殊，48.1％的留欧民意被51.9％的脱欧民意"粗暴"否决。根据英国媒体对公投结果进行的分析，教育程度高、收入高、年龄低的民众多投票支持留欧，反之则多支持脱欧②。英国不同地域、不同特征群体民众在脱欧问题上的分歧一览无余。公投不但没有弥合分歧，反而造成更大的社会撕裂。公投后不久，英国近400万民众对结果感到"后悔"，请愿举行第二次公投。更有反对脱欧的英民众将英国政府告上法庭，认为英国政府无权在无议会授权的情况下启动脱欧进程。

第四，国家统一受到威胁。近年来，苏格兰民族党治下的苏格兰独立运动再次抬头，一度危及英国家统一。2014年举行的苏格兰独立公投以55％反对、45％赞成的投票结果决定苏格兰留在英国，给"苏独"问题暂时画上句号。由于苏格兰与欧盟联系较密切，从欧盟基金及项目中受益颇多，总体上倾向于留欧，公投中支持留欧的比例高达62％，支持脱欧的比例仅为38％，与整体投票结果形成鲜明对比。公投后，苏格兰首席部长斯特金表示，将把第二次苏格兰独立公投提上议事日程。公投结果显示，北爱地区同样支持留欧。再加上北爱与爱尔兰边界问题是脱欧谈判不可避免的棘手问题，一旦谈崩，可能危及北爱和平进程。公投脱欧的结果给英团结、统一和稳定埋下隐患。

第五，欧洲离心力加剧。英国公投脱欧结果使欧洲各种分离主义、民粹主义势力受到鼓舞。在公投结果宣布几小时后，法国的国民阵线、荷兰的自由党、德国的选择党、意大利的北方联盟、奥地利的自由党都呼吁在本国进行类似公投。极端左翼或右翼政党目前在欧盟25国共拥

---

① 方力：《英国脱欧、市场冲击及其后续影响》，《国际金融》2016年第9期。

② 方力：《英国脱欧、市场冲击及其后续影响》，《国际金融》2016年第9期。

有上千个议会席位，在多个国家参与执政。公投成为这些极端性质政党迫使主流政党采纳其政治立场的利器①。由英国公投脱欧引发的公投政治风潮加剧了欧洲政治的离心力。

二、英国公投脱欧的深层次原因

英国人素以稳重、保守、渐进著称，英国也一直是代议制国家的典范，不像其他一些欧洲小国热衷于以全民公投决定重大政策议程。回顾历史，英仅在 1975 年、2011 年举行过两次全国性公投，2014 年在苏格兰地区举行过一次地区性公投。而且，此次脱欧公投并非各方势力博弈斗争白热化、别无选择之下作出的决定，却更像是一个政党、一个政治人物为了实现某种利益、不计后果推动的"人为事件"。用一些学者的话说，是一场"全球瞩目的民主实验"②。公投看似民主，结果出人意料。这一看似偶然的事件背后有其必然性，反映出当前西方政坛责任感和长远眼光兼具的政治领袖稀缺、党争异化、国家发展方向不明、民主制度运转不灵等问题。而这些问题恰恰是西方资本主义制度内生的、固有的、难以克服的矛盾。

一是西方竞选政治和"旋转门"体制下产生的政治精英缺乏政治远见和责任感。公投结束后，很多人认为英政府发起这场公投无异于"自残"，是不负责任的"政治豪赌"。《金融时报》专栏作家马丁·沃尔夫认为："既然英国政府能够提供一系列官方报告来说明脱欧对英国造成

---

① Susi Dennison，"Brexit and Europe's New Insurgent Parties"，*European Council on Foreign Relations*，June 24，2016， 见 http://www.ecfr.eu/article/commentary_brexit_and_europes_new_insurgent_parties_7054。

② 张小彩：《英国退欧公投：全球瞩目的民主实验》，2016 年 7 月 15 日，见 http://www.ftchinese.com/story1001068457?full=y。

的长期损害及短期冲击，当初为什么决定冒险举行公投？……公投是英国政府最不负责任的行为，根本不需要以公投来证明英国是一个民主国家。①"将事关国家前途命运的重大决策交由民众公投无疑是步"险棋"。然而，这种"公投热"近年来却在欧洲蔓延。希腊公投否决欧盟救助，荷兰公投否决批准欧盟条约，屡见不鲜。一定程度上，"公投热"反映出在面临国家前途命运的重大决策面前，西方竞选政治、秀场政治产生的领导人不愿承担决策责任，无意或无力引领民意。如果公投结果符合预期，可以沾沾自喜甚至自夸代表民意；如果结果事与愿违，一切责任推给"民意"承担。在西方的秀场政治中，候选人形象、口才比能力经验更重要，"做得好不如长得帅、说得好"。赢得选举的人并不一定了解现实，不一定有治理国家、驾驭复杂局面、应对突发事件的能力。西方"旋转门"体制则进一步助长了西方政客决策不慎重、出事不负责的态度。对某些政治精英来说，即使输了"政治豪赌"，大不了就是辞职了事，转身进入商界、学界继续享受高薪和高待遇的案例比比皆是。

二是政党体制异化，选票比国家利益、民众利益更重要。在西方政党政治中，政党往往将党派利益置于国家利益之上。卡梅伦执意推动脱欧公投初衷是平息党内分歧，希望通过"攘外"实现"安内"，将事关英前途命运的重大决策当作平息党内分歧的政治工具，而非维护英国家利益。一年后，继任首相梅突然决定提前大选的目的也是为了扩大本党在议会优势，巩固执政地位，而非为了"推进英脱欧进程凝聚政治共识"。此外，西方选举制度下的政党纷纷标榜自己是民意代言人，实际上却十分"脱离群众"，对社会结构和民意基础变化反应迟钝。近年来，从工党两次领袖选举到脱欧公投及全国大选，英几次重大投票结果均令

---

① 魏城：《脱欧公投民主失败了吗?》，《英国脱欧 2 ：民主的胜利还是失败》（电子书），英国《金融时报》编 2016 年 7 月发售。

政治精英大跌眼镜，从一个侧面说明西方政党体制下的政党，只会关注本党或所代表利益集团的诉求。

这种矛盾是西方政党政治发展的必然结果。西方多党竞争体制发展到一定阶段，政党将捞取选票、赢得选举作为唯一目标，必然重政党利益轻国家前途，重眼前利益轻长远考虑，为赢得选票不惜开"空头支票"，出尔反尔时有发生。西方政党既是某个特定阶级的代言人，又要尽最大可能在选举中捞取选票，必然面临做"阶级党"还是"全民党"的两难选择，频繁上演"说一套做一套"的把戏。在资本主义体制下，资本对政党的渗透和控制也决定政党难以切断与利益集团的暧昧关系，难以有效协调不同阶级的利益诉求，难以真正为民众服务。这些都是西方政党政治无法摆脱的困境。

三是英国公投脱欧标志着其陷入多边与双边、开放与封闭、包容与排外的两难选择。脱欧公投结果表明，精英阶层与普通民众在国家发展走向问题上的看法严重对立。这是资本主义根本矛盾在全球化背景下向纵深发展的必然结果。过去二三十年，全球化加速发展，金融资本自由化，实体经济空心化，社会贫富分化进一步加剧。以西方社会精英为代表的资本掌控者获益于人员、资本、技术自由流动，占有的财富比重不断增加，是全球化的受益者和支持者。部分普通民众却面临就业机会减少、劳动力市场全球化、人工智能技术带来激烈竞争等问题。两者矛盾在2008年金融危机后愈加明显，并在脱欧公投等"黑天鹅"事件中集中爆发。

四是西方标榜的民主法治体制没有为解决深层问题提供途径，反而火上浇油。当普通民众不再信任主流政党和政治精英，"一人一票"的投票制度只能放大分歧，加剧矛盾。民众或对手中的选票弃之不用，或用于宣泄对当权者和精英派的不满，导致投票结果与所谓理性分析和公认的国家利益背道而驰。当权者想通过投票获得更大"民主授权"，却"搬起石头砸了自己的脚"，只得别无选择地收拾残局。西方过度崇拜法治和程序，导致政策落实和项目推进面临很高的民主和法治代价，政府往往"看到却做不到"，在促进公共利益方面无所作为。做不出实际成绩，又很难重建民众对政治体制的信任，西方民主政治正陷入难以破解的怪圈。

三、"公投政治"的后续影响

"公投政治"把英国带上一条"颠簸崎岖"而前途不明的脱欧之路。自 2017 年 3 月提交脱欧申请，英政府迄今已与欧方进行了数十轮谈判。目前，双方已经厘清了英脱欧后对欧盟的财政责任，并就公民权利和过渡期安排达成一致，但未来英欧将构建怎样的贸易关系依旧悬而未决。无论谈判结果如何，两年前通过公投决定脱欧的结果对英国各方面均已产生或将继续产生持续影响。

一是近两年英国内政治更趋碎片化。公投脱欧引发政治"多米诺骨牌"效应。卡梅伦辞职，梅继任首相。梅误判形势推动提前大选，丧失议会多数席位，被迫组建少数政府，执政根基弱化。随着英欧谈判日益触及核心问题，保守党内部在"软脱欧"还是"硬脱欧"问题上分歧越演越烈。包括外交大臣、脱欧事务大臣在内的十几位部级官员相继离职。主要反对党工党内部在脱欧立场上存在分歧，一年多来，多次出现相当一部分工党议员在重要脱欧议案投票中倒戈支持保守党的情况。苏格兰民族党、自民党等其他反对党力量在公投后均受到不同程度削弱。主要反对党虽同为中左翼政党，但在脱欧问题上立场差异大，难以联合。在脱欧谈判的"达摩克利斯之剑"下，英政坛勉强维持脆弱平衡。即使英欧能够如期达成《脱欧协议》，仍需英议会表决方可生效，届时可能出现新一轮各派政治力量角力，英政坛也可能再次生变。

二是英国脱欧将对英经济产生长期负面影响。欧盟不是简单的自由贸易区，其货物、资本、人员、服务的自由流动极大降低了成员国之间的交易成本，提高了生产力。入盟使得英国与相关国家贸易量增长了55%。英国高度依赖欧盟市场，其国内生产总值10%来自与欧洲单一市场的贸易，对欧贸易占英外贸总额一半以上，50%的外商直接投资来自欧盟①。有智库评估认为，如英欧无法达成协议，"硬脱欧"将使英国经济损失1430亿欧元，英国企业每年将面临664亿欧元额外成本②。虽然目前看"无协议脱欧"的可能性不大，但脱欧对英国经济的负面影响已经显现。2017年英国经济增长1.7%，在七国集团中的排名从2016年的第二位跌至第五位，也低于欧盟平均水平。预计未来两年英国经济增长率将进一步降至1.5%左右③。而国际货币基金组织预测今后5到10年间，英国GDP将下降4%。英国采取措施着力维护在产业、科技、金融等领域的国际优势地位，但安永调查报告显示，近半数外国投资者考虑未来5年内调整在英投资，高盛、汇丰、渣打银行等金融机构拟将部分业务和人员迁出伦敦金融城。④

三是英国脱欧持续撕裂社会民意。脱欧公投结果是英社会民怨积累的一次爆发，暴露出不同阶层民众对政府近年来所采取的紧缩政策、移民政策、经济全球化等诸多方面的不同立场和意见分歧。公投过去两年后，民意在脱欧问题上的分歧持续扩大。根据2018年7月的一份民调显示，38%的民众支持坚决推进脱欧的政党，而33%的民众支持坚

① "The Impact of Brexit on Foreign Investment in the UK", *Center for Economic Performance Brexit Analysis No.3*，见 http://cep.Ise.ac/uk/pubs/download/brexit03.pdf。

② Charles P.Ries，Marcotlafner and etc，After Brexit，RAND EUROPE，见 https://www.rand.org/t/RR2200。

③ "UK Economic Growth Revised Downwards"，*BBC News* 22 Feburary 2018，见 https://www.bbc.co.uk/news/business-43154467。

④ Jill Treanor，"Brexit: City of London will lose 10.500jobs on day one，says EY"，*The Guardian* 11 December 2017.

决反对脱欧的政党。仅有 11% 的民众支持英政府目前出台的脱欧方案，43% 的民众认为该方案不符合英国利益①。随着英政府立场逐步转向"软脱欧"，持不同政见和立场的民众都觉得"很受伤"。支持留欧、希望英留在欧洲单一市场的选民感觉希望破灭，而坚定支持脱欧的民众觉得政府目前寻求的脱欧之路名不副实。此外，公投脱欧的结果从一定程度上加剧了英社会对移民的排外情绪。联合国人权专员近期对英国进行实地调查后，表示脱欧派在公投造势阶段大肆发表反移民、反外国人的言论，对英国社会造成持续不良影响，导致当前针对少数族裔和移民的"仇恨犯罪"明显增加②。皇家警察、火灾和救援服务监察局（HMICFRS）也出台报告称，"仇恨犯罪"很可能在 2019 年英国正式脱离欧盟后进一步增加。③

四是英国对外行动能力和影响力将受到削弱。公投后近两年来，英国积极规划外交新版图，一方面加强英美特殊关系，另一方面提出全球化英国主张，强化与英联邦国家、新兴大国关系，规划与非欧盟国家贸易安排。但目前看，在总体国际格局演变、英美关系不畅等因素影响下，英国国际地位难掩下滑趋势。过去二三十年，英国主要依靠说服欧盟采纳自身主张来发挥国际作用，脱欧后英国将失去背靠"欧盟"大树的优势，无法再通过积极影响欧盟决策发挥国家影响力。再加上脱欧后缺乏足够的经济和军事实力成为世界一极，英国对外行动能力和国际影响力将进一步削弱。

---

① "1 in 3 brits would support a new anti-brexit party poli finds", http://www.esquire.com/uk/latest-news/a22525503/1-in-3-brits-would-support-a-new-anti-brexit-party-poli-finds/.

② "UN expert warns of 'stark increase' in hate crimes across uk, post-Brexit vote", 2018.05.11, 见 http://news.un.org/en/story/2018/05/1009542。

③ "UK Police Vow to Take Steps to Tackle Possible Surge in Hate Crimes Post-Brexit", 2018.07.19, 见 http://sputniknews.com/europe/201807191066500861-uk-hate-crime-brexit/。

欧 洲 篇

后金融危机时代"莱茵资本主义"的变与不变

欧洲福利资本主义的困顿与突围

资本主义危机下的欧洲政党政治困境

资本主义危机的欧洲文化价值观困境

从德国汽车业"尾气门"看"莱茵资本主义模式"困境

深陷民主困境的欧洲还能自拔吗?

北欧模式的主要特点及福利国家面临的挑战

北欧模式面临的挑战及其改革探索

冰岛走出国际金融危机的经验教训

后金融危机时代"莱茵资本主义"的变与不变

　　"莱茵资本主义"由法国经济学家米歇尔·阿尔贝尔20世纪90年代初提出，主要指代以德国为主要代表的莱茵河流域国家具有自身特色的经济社会发展模式。① 与以英美为代表的"盎格鲁—撒克逊资本主义"相比，"莱茵资本主义"的核心特点可概括为"市场经济＋总体调节＋社会保障"②，即更注重发挥政府的市场调控功能、社会福利功能和秩序保障功能。"莱茵资本主义"因此又常被称为"社会市场经济""协调型市场经济"以及"温情资本主义"等。冷战结束后，"莱茵资本主义"进行了一些调整，出现了政府角色弱化、股东地位上升、金融市场做大、新自由主义色彩增强等重要变化。这其中最具代表性的要数德国施罗德政府2003年开始实施的"2010议程"，其核心内容是改革劳动力市场、压缩社会福利、降低税率、加大科技创新力度、大力发展职业教育等。施罗德政府改革的目标是提高经济效率、提升国际竞争力，因此"2010议程"也被一些批评者认为与"里根主义""撒

---

① 　参见〔法〕米歇尔·阿尔贝尔：《资本主义反对资本主义》，社会科学文献出版社1999年版。

② 　蔡来兴、朱正昕、晏小宝主编：《德意志联邦共和国宏观经济管理》，上海翻译出版公司1991年版，第6页。

切尔主义"一样，是一种典型的新自由主义改革。施罗德为改革付出了政治代价，不过数年后德国经济走上了快速发展的轨道。2008 年国际金融危机对德国经济造成严重冲击，不过相比于其他资本主义国家，德国通过出台一系列应对措施，推动经济迅速走出泥淖，走向强劲复苏之路。

一、国际金融危机对"莱茵资本主义"的冲击和影响

席卷全球的国际金融危机导致世界主要工业国家经济出现严重倒退，作为"莱茵资本主义"的代表性国家，德国在初始阶段同样未能幸免。长期以来，德国经济非常倚重出口拉动，据统计，2008 年时德国经济对外依存度高达 47.2%，这一数字意味着国际金融危机的浪潮一定会将德国卷入其中。不出所料，2009 年德国国内生产总值比 2008 年下降了 5.3%，失业人数增加了 164000。这一数据其实还要好于德国联邦政府的预期。按照德国联邦政府此前的估计，2009 年德国国内生产总值将下降 6%，而德国 6 大经济研究所和德国联邦银行则更为悲观，分别预测 2009 年德国经济增长率为-6.3%和-6.2%。除这些直接冲击外，金融危机带来世界经济大环境的变化，也给德国经济长期发展造成严重影响。具体讲，受金融危机影响，美国及欧盟各国财政赤字大幅上升，国家整体购买力下降，普遍趋于采取贸易保护主义措施，世界总需求的萎靡不振，给德国依赖出口的经济结构造成长期压力。[1]

面对危机冲击，德国联邦政府出台了一系列救市措施，有效发挥了

---

① 参见史世伟：《德国应对国际金融危机政策评析——特点、成效与退出战略》，《经济社会体制比较》2010 年第 6 期。

稳定并刺激经济增长的作用。这些措施具体包括:第一,稳定银行和金融系统,出台《金融市场稳定法》,设立金融市场稳定资金,一方面由联邦政府提供总金额为 4000 亿欧元的应付款项担保;另一方面通过国家注资参股企业,维持资金流动性,防止有系统重要性的金融机构破产,这一举措切实起到了稳定金融市场的作用。二是针对实体经济出台了《保经济增长促就业的一揽子措施》和《德国经济增长与稳定促进法》两套经济振兴计划,具体内容包括扩大政府投资、政府提供信用担保、减少民众负担、保障和促进就业等。三是着眼长远,主动扩大与中国等新兴市场国家合作,努力拓展出口市场空间。2011 年德国对中国、俄罗斯、印度、巴西等金砖国家的出口额占德国总出口额比重由危机前的8.5%增加到 11.4%。尤其值得一提的是,德国 2010 年对华出口增幅高达 28.6%。新兴市场国家成为德国释放生产潜能、维持经济健康增长态势的重要依托空间。[①]

德国联邦政府的应对措施迅速产生积极效果。到 2010 年,德国经济取得 3.6%的增长,可谓近 20 年来最快增速。2011 年,德国经济增长又达到 3%。与其他发达工业国家相比,德国经济的表现可谓一枝独秀。其实,德国经济在危机后迅速复苏,与新兴市场国家的强劲发展势头密切相关。新兴市场国家经济发展的良好态势,对德国汽车、机械、装备、化工等产品需求量持续上升,推动德国出口在 2010 年实现14.2%的增长,2011 年又实现了 11.4%的增长,出口总量超过危机前的水平,成为推动德国经济迅速摆脱危机的关键因素。德国经济迅速摆脱困境还表现在就业方面。2010 年德国登记失业人数自 1992 年以来第一次降至 300 万以下。2011 年登记失业率更是下降到 5.5%,远低于欧元

---

① 参见丁纯、瞿黔超:《金融危机对德国经济与社会的影响及德国的对策》,《德国研究》2009 年第 2 期。

区同期平均失业率（10.2%）。政府启动的短期雇工补贴对稳定就业起到了积极作用。同时，就业率的提高还有效提振了德国经济的内需动力，推动德国进口量 2011 年实现 13.2% 的大幅增长，一定程度上缓解了德国经济太过依赖出口的问题。①

二、后金融危机时代"莱茵资本主义"的政策调整

除短期救助计划外，"莱茵资本主义"国家在危机后也推动进行了一些制度层面的改革。这些改革涉及金融市场、劳动市场、社会政策、产业政策、一体化政策等各个方面。"莱茵资本主义"国家在进行这些政策调整过程中面临较大经济社会压力，同时也有意识地坚持了审慎稳健的理念。

第一，在发展和规制金融市场间寻找平衡。"莱茵资本主义"认识到自由金融市场的弊端，并通过系列措施加强金融监管的全面性和有效性。但与此同时，"莱茵资本主义"继续高度重视发展金融业，并通过发展地区统一金融市场，努力提高虚拟经济对实体经济的支撑力。

一方面，危机爆发后，欧元区从技术层面积极完善金融监管体制，通过设立泛欧监管体系等措施，努力维持金融市场稳定。一是成立宏观审慎管理机制——欧洲系统风险委员会（ESRC）负责收集和分析数据信息，识别和评估系统风险，并向欧洲经济部长会议（ECOFIN）各成员国监管当局，以及银行业监管局（EBA）、证券和市场监管局（ESMA）、保险和职业养老金监管局（EIOPA）三家微观审慎监管机构

---

① 参见史世伟：《德国经济在危机中为什么能够一枝独秀?》，《金融博览》2012 年 3 月号。

提出预警和建议。二是强化监管机制间的协调合作。欧洲系统监管委员会与三家微观审慎监管机构建立信息沟通和共享机制,三家微观审慎监管机构通过联合委员会(JCOE)加强跨行业、跨部门监管的协调与合作。三是构建欧洲银行业联盟,包括单一监管机制(SSM)、单一清算机制(SRM)和单一存款保险机制。单一监管机制赋予欧洲央行金融监管职能,负责直接监管该机制成员国具有系统重要性的信贷机构、金融控股公司、混合型金融控股公司;单一清算机制负责必要时对接受监管的银行实施破产清算,降低银行危机对实体经济的冲击;单一存款保险机制致力于防止危机横向扩散,抵御域内大规模金融动荡。四是推动欧洲央行从单纯维护币值稳定向综合维护金融和经济稳定延伸,不再局限于传统货币政策,开始实施非常规救助措施,部分国家甚至主张欧洲央行应扮演最后贷款人角色,逐步朝美联储方向发展。与此同时,欧盟正积极探索监管思路和监管方法的创新,推动从单纯监管金融机构向监管金融机构、金融产品和金融活动的方向转变,力求最大程度弥补监管漏洞、提高监管有效性。

另一方面,欧盟继续重视发展金融业,推动建立统一的资本市场,努力提高金融领域的全球竞争力。欧元区危机爆发之初,默克尔、萨科齐等欧洲国家领导人曾共同谴责"金融资本主义"是危机的罪魁祸首。但随着对危机认识的加深,欧洲人发现,与美国相比,欧洲虚拟经济比重并不太大,而限制金融业的发展不仅未能帮助欧洲躲过危机,反而还陷入为美国金融危机"买单"的境地。因此,随着经济缓慢复苏,欧盟在重视金融市场监管的同时,继续强调发展金融市场的必要性和可行性。欧委会金融稳定、金融服务和资本市场联盟司金融服务政策和国际事务部主任凯尔文强调,"目前欧洲企业融资形式太过单一,对银行倚重过大,证券市场融资比例仅占30%,远低于美国的70%,金融产品复杂性也远不及美国。虽然欧盟不必完全照搬美国,但需进一步推动金融市场一体化和融资手段多元化"。① 容克在竞选欧委会主席时即承诺要建立欧盟统一资本市场，并于 2015 年启动"资本市场联盟"机制，目的就是努力提高资本市场对融资需求的贡献率，促进欧盟经济增长。

第二，寻求更富活力、更有效率的劳动力市场政策和社会福利制度。危机后"莱茵资本主义"国家努力推动劳动力市场和福利制度改革以释放经济发展活力，与此同时，也注重探索更富弹性、更具韧性的社会保障制度。

一方面，危机使西欧国家感到，传统高福利模式带来巨大财政压力，难以持续，且已严重制约经济发展，唯有推动结构性改革方能切实激发经济活力。各国意识到，尽管面临民众维持原有社会保障水平的强烈诉求，但要推动经济持续复苏，仍需效仿德国施罗德政府时期的"2010 议程"，推行经济结构性改革。据统计，2008—2015 年间，欧盟成员国通过了 1200 个有关劳动力市场改革的提案，远高于 2000—2007 年的 700 个。意大利、西班牙、葡萄牙等南欧重债国尽管面临巨大社会压力，仍艰难推进相关结构性改革，努力摆脱"富贵病"困扰。荷兰、比利时等受危机影响较小的国家也开始对劳动力市场进行调整，简化解雇程序，减少赔偿金额，降低企业负担。法国总统奥朗德 2012 年以反对萨科齐自由化改革的旗号赢得大选，但从 2014 年开始也不得不顶着巨大压力缓慢推动降低税收、削减开支、推进劳动力市场灵活化等结构性改革，力求以此激发经济活力，提升国际竞争力。不过，在民粹主义不断上升、极端政党纷纷崛起、民众"失去感""被剥夺感""被打扰感"居高不下的背景下，"莱茵资本主义"的这一改革能走多远存在较大不确定性。

---

① 作者 2016 年 6 月访问欧盟总部，与欧盟相关机构人员进行座谈，对方在座谈中谈到这一点。

另一方面,"莱茵资本主义"国家并非简单削减社会保障,而是积极探索更富弹性、更具韧性的劳动和福利制度。传统中左翼政党强调"饿狼并不能最好地猎食",主张提高工资福利水平,推进累进税制改革;① 中右翼政党坚持认为社会市场经济的核心理念是自由竞争和兼顾公平,而公平更多是指机会公平而非结果公平;民粹政党则宣称要"毕其功于一役",消除各类国际负担和国内不公。在几种主张相互角力下,各"莱茵资本主义"国家政府正努力探索可进可退、伸缩自如的社会保障制度,力争既能体现公平理念,又不损害良性竞争和经济活力。具体讲,这些国家正探索将劳动力市场制度和社会福利制度与人口结构变化及经济发展形势挂钩,根据经济社会形势灵活调整,避免劳动力市场僵化和社会福利的持续刚性增长。

第三,积极抢占新一轮科技和产业革命先机。危机使各国重新意识到实体经济的支撑作用,因此危机后"莱茵资本主义"积极推动"再工业化"进程,努力抢占第四次工业革命先机,极力维护在全球产业链中的优势地位。

危机前,欧盟大部分成员国或多或少存在"去工业化"现象。据欧盟统计局计算,1996—2007 年,工业占欧盟国内生产总值比重从 21%下降到 18%,工业部门吸收就业人数从 20.9%下降到 17.9%。危机爆发后,欧洲意识到工业比重下降、出口疲软等是债务危机的一个重要原因,德国在危机中表现较好主要是因为其拥有强大的工业基础。欧盟及各成员国陆续出台各种"再工业化"措施,力求通过科技创新振兴制造业,实现更高水平发展。欧委会 2012 年 10 月发布《一个强大的欧盟工业有利于增长和经济复苏》文件,强调以"绿色能源"和"数字制造"

---

① 参见 [德] 塞巴斯蒂安·杜里恩、汉斯约里·赫尔、克里斯蒂安·凯勒曼著,郭建南译:《危机后的反思——西方经济的改革之路》,西南财经大学出版社 2014 年版。

等先进技术引领"新工业革命"。2014 年 11 月，容克推出为期三年总规模达 3150 亿欧元的投资计划，用于信息、能源、交通等基础设施建设以及教育和科技研发等。成员国层面，德国推出"工业 4.0"战略，努力抢占以智能制造为主导的第四次工业革命先机；法国连续推出"新工业法国"和"新工业法国 II"，确立制造业在经济中的中心地位，着力提升法国在国际竞争中的地位；西班牙推出 4.6 亿欧元的"再工业化援助计划"，支持 908 个再工业化项目，努力构建充满活力的新型工业结构。

欧洲此轮"再工业化"进程不是简单扩大第二产业比重，而是强调虚拟经济与实体经济合理搭配，尤其强调掌握颠覆性科技创新成果，维持产业技术优势。在德国外交政策协会会长桑德施耐德看来，德国"工业 4.0"是力求在信息技术、量子科学等领域抢先取得突破，因为这些领域的革命性成果将彻底重构人类经济社会发展的"方程式"，在这些领域抢得先机可确保在新一轮"创造性破坏"中赢得主动。《法兰克福汇报》经济部主编阿姆布鲁斯特则强调，欧洲"再工业化"不应寻求回到 30 年前的状态，也不应寻求产业结构的"大工业化"，而应强调绿色、信息、高新技术，发展现代服务业，维持各产业的科学比例。①

第四，在更多"一体化"还是更少"一体化"间徘徊。危机后"莱茵资本主义"主要依靠"问题倒逼"推进一体化进程，但是，欧盟内部"更多欧洲"与"更少欧洲"的分歧更为明显，"一体化"与"去一体化"两大进程相背而行。

当前和今后一段时期，欧洲一体化进程将较大程度上靠"问题倒逼"艰难推进。一方面，欧盟自成立之日起就伴随着"民主赤字""合法性不足"等问题，东扩进程又凸显了机构臃肿、效率低下、执行力不足等

---

① 作者 2016 年 6 月访问德国时与对方进行了座谈研讨，对方在座谈中谈到这一点。

问题。五亿民众对欧盟机构运行方式不甚了解，甚至一些职业政治家对此也知之甚少。另一方面，近年来，受债务危机、乌克兰问题、难民危机、恐怖袭击、英国脱欧等多重挑战影响，欧洲各国"内顾"倾向加重，民族主义、民粹主义、保守主义、排外主义思潮明显抬头，民众对欧盟机制普遍缺乏信心。在"一体化"民意基础日益脆弱的背景下，传统以顶层设计"自上而下"推动一体化进程的路径举步维艰，对欧盟而言，更现实的路径是从紧迫性较强、共识较高的具体领域缓慢灵活推进。

当前，欧洲各界关于"更多欧洲"还是"更少欧洲"的分歧更为明显。欧盟层面，政治精英更多强调推进一体化的必要性，强调欧盟发展史一直伴随各类危机，危机是欧盟进一步发展的重要动力。但成员国层面尤其是后加入国家对欧洲一体化的兴趣和信心普遍下降，各成员国反对欧盟的声音越来越大。近年来，欧盟在具体议题领域仍持续取得一些新进展，各国财长合作机制、欧洲稳定机制、欧洲央行理事会等三大机制已在某种程度上有点"欧盟财长"的味道；能源联盟、单一数字市场、资本市场联盟等经济议程正在努力推进中；司法和安全领域一体化也在碎步前行。但是，欧盟内部的"一体化"力量与"逆一体化"力量同时存在，议题领域的具体进展与整体层面的信心下降相背而行，今后一段时期一体化进程迟滞几成定局。欧盟一体化未来走向很大程度上取决于各国国内政治生态，而非欧盟层面的政治意志。

三、"莱茵资本主义"未来发展走向

金融危机及系列伴生危机再次暴露了西方制度体系的弊端，围绕资本主义尤其是新自由主义的讨论和反思在世界范围内广泛展开。总体来看，"莱茵资本主义"对新自由主义的反思集中于技术操作而非运行机理层面，改革路径方面尚未彻底摆脱对新自由主义逻辑的"路径依赖"，尚未探索出替代性改革方案，改革思路也存在一些内在张力，被动性、领域性、应急性较强，主动性、综合性、战略性较弱。在世界经济新旧动能转换期，关于"两制竞争"的话题再次兴起，从世界经济结构、全球价值链条、经济社会发展模式等角度认识和理解"莱茵资本主义"所处困境及其变革措施，是观察资本主义制度体系发展走向的重要风向标。

第一，观察"莱茵资本主义"发展走向，需要以创新性思维思考政府与市场、经济与社会、自由与秩序等的关系。我们可以借鉴中国传统哲学智慧，超越非此即彼的对立式思维模式，以相互融合、相互转化的理念来观察和思考问题。换言之，观察"莱茵资本主义"发展走向，需要深入到"莱茵资本主义"国家内部，研究其经济社会运行机理，提炼其核心逻辑，了解其发展面临的核心问题。在这一方法论指引下，我们对"莱茵资本主义"的认识能够更全面，关于上述几对关系的认识也会更深刻，从而推动理论认知与实践发展相互促进。

第二，观察"莱茵资本主义"发展走向，需要将"莱茵资本主义"放置世界经济体系中进行认识。在世界经济遭遇"逆全球化"阻力背景下，各国经济唯有朝着更加开放、包容、均衡、普惠的方向发展，才能真正行稳致远，全球化的节奏可能会进行调整，但全球化的方向不会逆转。因此，观察"莱茵资本主义"发展走向，要观察其经济社会政策是否与这一趋势相契合，在此前提下，具体分析"莱茵资本主义"国家在世界经济体系中的地位和作用、国家经济竞争力状况、国家经济发展与世界经济发展的互动关系等。

第三，观察"莱茵资本主义"发展走向，需要将其放置"两制竞争"的大框架中进行认识。我们需要深入把握社会主义与资本主义"此起彼伏"的大趋势，分析资本主义的内在矛盾，梳理"莱茵资本主义"内部的社会主义理念因素，从两制竞争态势的角度定位当今世界发展的历史方位,并研判"莱茵资本主义"的未来走向。在此过程中,特别需要注意从理论与实践相结合的角度认识"莱茵资本主义"的发展走向。

第四,观察"莱茵资本主义"发展走向,需要将其放置世界秩序发展走向的大背景中进行理解。换言之,我们需要从世界秩序和全球治理的发展潮流中研判"莱茵资本主义"的前途命运。综合来看,世界秩序和全球治理将朝着更加公平、正义、开放、包容的方向发展,"莱茵资本主义"因注重协商、强调"共识"等特点有利于世界秩序和全球治理,但"莱茵资本主义"无法摆脱"资本主导"这一本质特征,因而又将阻碍这一潮流。可以说,"莱茵资本主义"与世界秩序的互动关系,将主要取决于"莱茵资本主义"将朝着何种方向改革演进。

(本文原文发表于《当代世界》2017年第2期,收录时有修改。)

欧洲福利资本主义的困顿与突围

欧盟拥有 7% 的世界人口和 1/5 的世界经济总量，其社会福利总支出则占全球社会福利支出总量的大约 50%。相对完备的社会福利制度，人人享有的基本社会权利，曾几何时成为欧洲发展模式"皇冠上耀眼的明珠"，资本主义在欧洲以其"社会性"展现出较为温情和人性的一面。然而，在新一轮经济全球化浪潮中，欧洲福利资本主义辉煌不再，疲态尽显，日益陷入严重危机之中。深入研究欧洲福利资本主义模式的变迁与调整，对于我们全面准确把握 21 世纪资本主义发展的新趋势和新动向具有重要意义。

一、福利资本主义在欧洲"日渐消沉"

20 世纪 80 年代以来，在新自由主义的全球化浪潮冲击下，欧洲福利资本主义"节节败退"。"二战"后至 20 世纪 70 年代，福利资本主义经历了发展的"黄金期"，在当时"冷战"背景下，西欧各国从"拯救和改良资本主义"出发，先后建立起广覆盖、高水平的福利国家。70年代中期，西方资本主义爆发"滞胀"危机，福利国家在理论和实践上陷入双重困境，新自由主义思潮趁机席卷全球，以英国为首的西欧各国相继开启了自由化改革，改革首先指向社会福利制度，包括推进社会福利私有化、市场化，削减公共福利支出，限制劳工权利等。90 年代中后期，英国、德国等西欧中左翼政府先后提出所谓"第三条道路""新中间"路线，其实质是在传统社会民主主义和新自由主义之间左右逢源、寻找平衡，在政策层面则通过推进相对温和的自由化改革，对福利国家进行"瘦身"，提升经济发展活力和竞争力。其后欧洲多数国家大致延续了这一改革方向。

2008 年国际金融危机的爆发宣告了金融资本主义的失败，但社会福利制度却成为最后的"替罪羊"。金融和债务危机爆发后，欧洲思想界、政商界一度掀起了关于"反思和重建资本主义"的大讨论。大讨论从批判金融资本开始，最后火力却转向了福利制度，高福利被当成推高债务水平的"罪魁祸首"。吊诡的是，正是过度自由化、金融化造成了这场波及整个西方资本主义世界的严重危机，到头来开出的依然是一剂新自由主义的"药方"。面对危机，一边是削减福利开支、压低工资成本、推进劳动力市场改革；一边是欧洲国家的政府不惜血本，大力扶持"大而不能倒"的金融企业。据统计，受债务危机冲击较重的西班牙先后投入公共资金 540 多亿欧元，用于救助银行业，其中 77% 的资金无法收回，这等于政府拿民众的血汗钱填了金融资本家的"大窟窿"。

欧洲福利国家体系不断遭到解构，反映出欧洲福利资本主义向美式自由资本主义一再妥协，新自由主义全球化背景下资本的力量进一步走强。带来的直接后果就是资本收益率远高于劳动报酬率，政府的再分配调节等功能弱化，社会贫富差距不断扩大，欧洲经济社会发展的不稳定因素持续增多。

二、欧洲福利资本主义向何处去

欧洲主要资本主义国家正陷入多重发展困境。金融和债务危机爆发以来，欧洲绝大多数国家经济增长缓慢，失业率高企，部分南欧国家青年失业率高达 50%，许多年轻人面临"毕业即失业"的窘境。根据欧盟委员会的一项报告，近十年来，欧盟中产阶层家庭收入陷于停滞，贫困人口持续增加，目前欧盟 27 国（不含英国）近 1/4 的人口面临贫困风险，与此同时，1% 的富人群体却占有社会总财富的 27%。社会贫富分化加剧，再加上难民危机、恐怖袭击威胁等冲击，欧洲民众的不安全感明显上升，对主流政党和现行体制的不满非常强烈。欧洲多国民粹主义兴起，某种程度上也是"对新自由主义极度泛滥的反动"，是草根阶层对资产阶级政治精英的一场"革命"，[①] 普通民众不再确信所谓的社会市场经济能够给他们带来公正与安全，不再确信精英阶层推动的欧洲一体化能够给他们带来稳定与繁荣，欧洲长期主打的软实力"名片"正在自身内部陷入严重的信任危机和形象危机。

建设"社会欧洲"似成当下欧洲各界的基本共识。在欧盟层面，面对英国脱欧以及多国民粹势力"高歌猛进"，欧洲各界开始深刻反思欧洲一体化及其长远发展，强调坚持和发展具有充分竞争力的社会市场经济，重申欧洲模式的"社会性"。2017 年 3 月，欧盟机构及 27 个成员国在《罗马宣言》中承诺建设"社会欧洲"。4 月，欧盟委员会等三大机构进一步提出打造"欧洲社会权利支柱"，致力于建设"面向 21 世纪、公平和运行良好的劳动力市场和社会福利制度"，并使之成为"更加包容、可持续的发展模式的一部分"。在国家层面，社会福利、社会

[①] ［英］马丁·雅克：《新自由主义的死亡与西方政治危机》，2017 年 3 月 1 日，见 http://www.qstheory.cn/11qikan/2017-03/01/c-1120549154.htm。

公正再次成为舆论和政治的核心话题，比如：科尔宾领导的英国工党高举"福利主义"大旗卷土重来；法国新任总统马克龙以社会自由主义面貌示人，在坚定推进结构改革的同时，承诺增进民众的社会福利；葡萄牙社会党领导的左翼联盟 2015 年年底上台执政以来，对前政府推行的紧缩政策进行大幅纠偏，更多顾及中下层民众利益。

欧洲福利资本主义将在"左顾右盼"中艰难前行。欧洲福利资本主义大致经历了战后高速发展、20 世纪 80 年代自由化、90 年代中期"第三条道路"旗帜下温和自由化以及金融和债务危机后再自由化四个阶段。当前，正处在一个反思和回调期，新自由主义遭到批判，但也不能断言福利主义占据主导地位，政策理念相当程度上呈现杂糅状态，既要面对社会公正问题，又要着力维护经济效率和竞争力；既强调自由开放，政策层面又时常趋向保守内顾。英国知名理论家吉登斯在其新著《全球时代的欧洲》中再次提出，以"积极福利"理念改造欧洲社会福利制度①，带有其一贯强烈的折中主义色彩，深刻反映出福利资本主义在当今全球化背景下左顾右盼、左右为难的尴尬处境。

三、福利制度救不了资本主义

福利资本主义的结构性矛盾难以克服。资本主义与福利制度结合，一定程度上调节了资本主义的运行方式，缓解了劳动与资本的对立，推动了西欧主要资本主义国家战后长达 30 年的繁荣发展，但这并不能掩盖其内在的结构性矛盾。从运行机理看，福利资本主义内含的经济、政治和社会福利各子系统之间始终存在着某种紧张关系，内在的矛盾和冲

---

① 曾靖皓：《积极福利下的新欧洲》，2015 年 3 月 14 日，见 http://culture.ifeng.com/a/20150314/43340196-0.shtml。

突时常导致危机的发生，比如为防范资本主义的经济危机，或为获取民众的支持和政治上的合法性，政府主导的社会福利制度时常出现"越界"行为，从而引发"危机管理的危机"。① 不仅如此，近年来经济全球化、社会老龄化也持续对欧洲传统的福利国家体系带来冲击，一方面导致政府对经济的调控能力下降，一方面导致社会福利支出增加，进一步加剧了福利资本主义的运行困难。从基本制度看，福利制度作为资本主义社会的"黏合剂"，必然服从和服务于资本主义基本制度本身，不可能触及资本主义私有制的基础，不可能解决生产的社会化、全球化与生产资料的私人垄断之间的基本矛盾，也不可能阻止资本主义最终走向衰落。由此可见，欧洲福利资本主义困顿难解，既是自身内在矛盾发展的必然结果，也是当前西方资本主义系统性危机的一部分。

西方资本主义发展之困，与中国特色社会主义不断发展并焕发出强大生机活力形成鲜明对比，我们要进一步坚定"四个自信"，用习近平新时代中国特色社会主义思想武装头脑、指导工作。一是按照十九大精神坚定推进中国特色社会主义各项事业，首先把自己的事情办好，聚精会神搞建设，按照"两步走"战略顺利实现社会主义现代化强国目标，用实实在在的发展成就和广大人民享有的美好生活进一步证明中国特色社会主义的强大生命力，证明社会主义制度的优越性。二是科学有效地对外介绍中国特色社会主义道路，讲清楚习近平新时代中国特色社会主义思想的科学内涵与世界意义，讲清楚中国特色社会主义既不同于西方也有别于苏联，讲清楚中国发展为世界作出的贡献。三是妥善应对欧美舆论故意炒作所谓"模式竞争论""制度挑战论"等，强调各国有权自主选择适合本国国情的发展道路和社会制度，不同发展模式应相互学习借鉴，而不是相互排斥对抗。

---

① 王远：《资本主义福利国家的危机与重建》，《国外理论动态》2017 年第 8 期。

资本主义危机下的欧洲政党政治困境

　　欧洲资本主义国家普遍实行多党制。长期以来，以社会民主主义为代表的中左翼政党、以保守主义为代表的中右翼政党是欧洲政党政治中的主流政党，在国家政治、经济与社会生活中发挥着举足轻重的作用。近年来，受国际金融危机及欧债危机拖累，欧洲政党功能减退，政治生态发生重大变化，政党格局动荡调整，进一步加剧了资本主义危机。

一、欧洲政党制度稳定性受到冲击

　　一是传统主流政党阶级基础流变，影响力下降。在经济全球化浪潮中，欧洲传统产业结构受到冲击，社会阶级、群体不断分化，中产阶层日渐萎缩，主流政党的原有阶级基础流失。与此同时，主流政党和政治精英被资本和利益集团绑架，重政治议题，轻民生议题，政策理念同民众迫切的生存与发展利益需求渐行渐远。危机爆发后，欧洲底层民众直接承受危机之痛，利益受损严重，对主流政党感到不满，更多地将目光投向民粹主义政党及其他政治组织。以 2017 年 9 月德国大选为例，联盟党得票率为 60 年来新低，流失约 252 万选民，其中 98 万流向新兴民

粹政党另择党；社民党得票率创历史新低，失去 176 万选民，其中 47
万被另择党截留。

二是新兴政党崛起，政治生态日趋复杂。面对经济、安全、难民等
多重危机叠加困境，传统主流政党束手无策、无所作为。民粹主义力量
的反建制、反传统形象与口号迎合了民众的不满和变革心理，支持率
一路飙升。2017 年，德国、法国、荷兰等多国大选，民粹主义政党均
展现了强大民意影响力。在德国，另择党获 13.5% 的选票，成为第三大
党；在法国，国民阵线总统候选人进入第二轮对决；在奥地利，自由党
获 26% 的选票，为近 20 年来最优战绩。民粹主义政党的强势崛起一方
面加剧了欧洲的政治与社会分裂，侵蚀了传统政党的群众基础；另一方
面，其反全球化、反欧盟、反移民的主张对欧洲传统的自由、安全和一
体化等核心价值理念造成严重冲击。英国独立党力推的公投最终导致
"英国脱欧"，重挫欧洲一体化。

三是政党格局由传统左右两党向多党演变，日趋碎片化。在传统
政党政治和精英政治功能失调的背景下，各国呈现出政党数量增多、
大党不大、小党不小的趋势。新兴政党、边缘小党从不同方向冲击了
传统政党结构以及主流政党的地位，甚至成为决定政府实际构成以及
关系国家前途命运的关键性政治力量。2017 年 5 月法国总统选举中，
传统政党候选人均提前出局，超越左右翼的新党——"共和国前进
运动"领袖马克龙一举登顶。近年来，欧洲国家通过选举进入议会
的边缘小党大幅增多，导致联合政府组建困难，政局不稳成为常态。
2017 年 3 月荷兰大选中，得票率最高的自民党和自由党仅获议会 1/3
席位，其余席位由 11 个小党瓜分，组阁谈判历时半年之久。德国大
选首次出现 6 个政党进入联邦议会的局面，默克尔一度面临组阁困
难的窘境。

二、欧洲政党功能不断衰退

一是主流政党政治分野界限模糊，阶级代表性功能弱化。冷战结束以来，为尽可能争取中间选民，传统左右翼政党都向中间靠拢，政策趋同，意识形态"暧昧不明"。一些新党更是融合了传统左右翼的立场和观点，非左非右、左右逢源，甚至一些民粹主义政党为扩大选民基础，也开始去妖魔化、去激进化，逐渐"主流化"。由于政策的趋同性，欧洲政党的辨识度越来越低，其作为各种社会群体利益代表的有效性也被广泛质疑。

二是政党的议题引导功能异化，执政成为唯一目的。政党本应及时发现最迫切的社会、经济问题，高瞻远瞩地设置未来议题，引领民众共同应对挑战。但在资本主义选举政治下，赢得选举就是全部，执政就是一切，理想和信念"微不足道"。一方面，政治被市场化、娱乐化，政党放弃严肃的国家和社会议题，热衷于用舞台式表演讨好选民，在选举中大开"空头支票"，执政后又无法兑现。另一方面，选举制度本身也由"相互制衡的工具"演变为"相互诋毁的工具"，政党为胜选相互攻击、倾轧，政客为胜选不惜言行出格。这都导致民众对政党的信任度大大降低。

三是政党的决策功能退化，代议制民主模式遭遇危机。依靠选举进入议会的政党和政治精英，以代议制民主的方式实现民意表达。随着个人主义、大众媒体、社会运动的风起云涌，民众直接表达诉求和参与政策制定的渠道日趋多元，政党作为代议中介的功能降低。面对危机挑战，资本主义政党为逃避责任，时常让渡决策权，通过民意测验甚至全民公决方式决定国家重大事项，而公投结果往往超出掌控，造成社会分裂等严重后果。近年来举行的英国"脱欧"公投、意大利修宪公投，都严重弱化了议会民主决策功能，同时还刺激了民粹主义元素，前者更是成为西方政治体制全面衰败的标志。

三、欧洲政党政治陷入困境

欧洲政党政治是建立在资本主义私有制基础之上的、资产阶级实现统治的有效形式，是资产阶级不同利益集团之间的竞争在政治上的反映。"轮流执政"实际上是资产阶级内部进行政权倒手，"相互监督"只是为了内部利益的协调，最后受益的都是资产阶级，而非普通民众。经济运行良好之时，由于诸多福利制度的实施，资本与民众的矛盾被掩盖，当经济出现问题、福利制度难以为继之时，这些矛盾就被充分暴露并不断深化和扩大，精英与草根严重对立，反建制、反传统、反主流思潮兴起，社会政治生态发生巨变，呈现出民主失信、制度失灵、政治失序、治理失措等乱象。

当然，为适应急剧变化的社会经济环境，欧洲主流政党也进行了理论探索和政策创新，寻求政党自身生存、发展之道和欧洲治理之道。中左翼政党认为应规划和改革资本主义制度、体制，但始终未能提出超越"福利国家"的行之有效的新政策。传统右翼奉行进步的"保守主义"，较前更为关注公平和福利，但面对经济复苏乏力、一体化危机及民粹政党的冲击缺乏新招。民粹主义等新兴政党更多是口号式呐喊，缺乏系统施政理念和政策，即便借助民意上台，也难以应对各种危机和问题。

资产阶级政党政治是资本主义制度的重要组成部分，本质上是为垄断资本服务，因而资本主义政党无法通过改良从根本上解决其代表性不足、认同危机、民主赤字等困境，政党政治运作也难以摆脱党同伐异、政党极化等弊端。随着资本主义危机持续蔓延，政党原有功能消退、制度运作缺陷、治理绩效不佳和道义形象下降等病症和问题突显。由这些问题带来的政治无序、社会冲突加剧等，又进一步加速了资本主危机。

　　尽管欧洲政党政治在走下坡路，但目前尚未走到被其他民主工具替代的境地。西方民主制度的演进历史表明，其民主思想和制度构成都不是既定不变的，其吸纳和包容能力也是不容忽视的。正如沃尔夫冈·施特雷克在《资本主义将如何终结》中指出的，资本主义"将在可预见的未来处于一种混沌不明的状态，或是已死，或是即将死于自身的过度发展，但因为没人有能力将其腐朽的身躯挪开而仍明显活着"。①

---

① Wolfgang Streeck: "How Will Capitalism End? Essays on a Failing System", *New York*: Ver so, 2016，p36.

资本主义危机的欧洲文化价值观困境

2008 年以来的金融危机及债务危机不仅仅是一场资本主义的结构性危机，也是一场"文明的危机""道德的危机"，本质上是作为西方社会文化之根的个人主义以及核心价值理念的自由主义出了问题，使欧洲陷入了文化价值观的困境。

一、极端个人主义和极端自由主义大行其道加剧了资本主义理性精神的衰落

以个人主义、自由主义、功利主义和理性主义为主要特征的资本主义价值观，在资产阶级上升时期发挥了十分积极的作用。但随着资本主义的不断发展演进，尤其是近几十年来，以反对国家监督为核心要义的新自由主义思潮裹挟着全球化进程高歌猛进，长期鼓吹极端个人主义和没有原则的个人自由和民主，长期鼓吹功利主义和利己主义，导致了理性主义急剧衰落。在新自由主义思潮的支配下，资本主义社会呈现出唯利是图、不思长远的社会风气，"最大的问题是急功近利的思想文化"，[①]"民主制度完全

---

① 《个人主义是至高无上的吗?》，《参考消息》2012 年 4 月 4 日。

变成了短期的制度"，① 对国家发展和事关长远的事务缺乏关心，选民则只关心自己的切身利益、短期利益，而政党为了赢得选举只能迎合民众，"没有道德指南，没有未来眼光"。②

从 2009 年年初法国时任总统萨科齐发起"新世界、新资本主义"研讨会，到 2012 年达沃斯论坛以"大转型：塑造新模式"为主题，以及《金融时报》以"危机中的资本主义"为专题发表系列文章，质疑资本主义、重建资本主义、"修正资本主义"的各种主张层出不穷，但实质都是通过重新设计资本主义，恢复资本主义的理性，从而恢复"它的道德标准，它的良知"。

二、国际金融危机的爆发从根本上表明资本主义并不是"历史的终结"，西方的所谓"普世主义"遭遇信任危机

1989—1991 年苏联解体与苏东剧变被认为是"普世主义的胜利、历史的终结"。西方掀起了强烈的反共反社会主义浪潮，新自由主义理念、新保守主义等资产阶级意识形态和价值观念大肆渗透和扩张，资本主义文化和价值观念在西方得到了巩固。人们一度普遍认为，自由民主的资本主义是人类意识形态发展的终点，自由民主制度是最可靠、最持久的政治制度，不断进步的民主体制将成为全世界追随的灯塔，也是"人类最后一个统治形式"。但国际金融危机动摇了世界对资本主义制度的信心，重创了人们对资本主义的"盲目信仰"，资本主义价值观念在全球范围遭到了广泛质疑，"过时的资本主义把世界带入危机，世界需要新模式去解决人类面临的新挑战"。人们日益认识到，西方社会的所

---

① 王义桅：《当前西方制度危机的三重解读》，《人民论坛·学术前沿》2017 年 7 月上期。

② 《个人主义是至高无上的吗?》，《参考消息》2012 年 4 月 4 日。

谓自由平等、人权民主主张并不具有普世价值。

30多年来中国特色社会主义建设的巨大成就,特别是中国在国际金融危机中率先走出困境等无数客观事实,使"历史终结论"的提出者福山作出自我修正,表示,"随着中国的崛起,所谓'历史终结论'有待进一步推敲和完善","世界需要在多元基础上实现新的融合"。①国际金融危机一定程度上也使"社会主义"一词重回西方舆论场,并成为日常讨论的话题。

三、悲观主义、保守主义思潮的兴起,种族主义、排外主义现象的泛滥,文化冲突和宗教冲突的蔓延使欧洲社会陷入精神危机

其一,自2008年国际金融危机以来,欧洲一直弥漫着反体制、反历史进步主义、反精英、反全球化的怀疑主义、保守主义思潮,欧洲民众突然失去了历史方向、对任何党派的政治领导层都感到不满,并质疑社会进步主义,"拯救自己"的"内顾倾向"大有市场,欧洲陷入了故步自封的精神危机。在危机初期,所谓的"愤怒运动"和"占领运动"风起云涌,遍地开花,欧洲已然成为最"绝望"的地区。在2011年年底公布的"全球希望与绝望"的民调结果显示,前十大"变得更绝望的"国家中,有9个欧洲国家。

其二,民族主义与民粹思想持续迅速扩张,排外言行趋于激烈。应当说,在战后以来的较长时期里,对于接纳国外移民特别是难民,西欧国家还是比较宽容大度的,但受恐怖袭击事件频发以及难民潮的冲击,欧洲内部排外主义等民族主义思潮上扬,社会宽容心态明显弱化,多国

---

① [美]弗朗西斯·福山:《中国模式代表集中高效》,《社会观察》2010年第12期。

民粹主义势力不断发展壮大，公开宣称欧洲多元文化主义政策已经"彻底失败"，要"保卫欧洲文明"，一些民粹政党甚至通过赢得选举进入政府，撼动政治主流，将国家"个人主义"推向顶峰。

四、当前的欧洲文化价值观困境是资本主义发展过程中结构性矛盾不断积累的结果，凸显了资本主义制度的内在矛盾

马克思主义认为，资本主义生产总是处于一个不平衡的周期过程中，危机则是这一过程中生产过剩阶段的必然延续。从本质上讲，此轮危机是一次典型的资本主义危机，是资本主义制度在全球范围内矛盾不断积累的再次爆发，反映了资本主义制度内部无法克服的局限性。

资本主义制度在自身发展过程中，经历了数次危机—变革—发展—再危机—再调整的循环演进，每次也都伴随着价值观的调整变化，包括19世纪的传统资本主义与古典自由主义，20世纪20年代和30年代的福利国家制度与凯恩斯主义，以及20世纪80年代的货币主义与新自由主义。但无论如何变化调整，个人主义与自由主义始终是贯穿其中的两条根本线索，"其本质都是为了给予资本不断扩张和追逐利益的自由"，其目的都是为了维护资本主义制度。

战后欧洲资本主义充满活力、迅速发展的最重要经验是欧洲资产阶级政党从两次世界大战和20世纪二三十年代的经济危机中吸取教训，并从抗衡苏联社会主义制度吸引力的目的出发，在不违背自由主义根本精神的基础上扩大了政府干预的成分，确立了政府承担提供社会福利的责任、干预社会生活的理念，使国家在经济和社会职能方面都发挥了建设性的作用。但是，20世纪70年代之后，为适应"资本强力扩张"要求而引发的打破国内福利国家体制束缚和国外民族、国家疆界和国家

主权等障碍的需要，崇尚"极端个人主义"和"极端自由主义"的新自由主义政治日渐盛行。新自由主义者视国家为问题之源，拒绝政府的有效治理，让"看不见的手"主导一切，打破了国家与社会力量的关系平衡，资本主义因此丧失了自我监督与自我清理机制，从而加速了危机的形成。

当然，我们也要认识到，虽然资本主义制度面临危机，欧洲文化价值观面临困境，但仍具有相当的适应性与韧性。欧洲多国主流政党和各进步力量已经对当前欧洲资本主义制度以及价值观所面临的危机有所警惕，也正在各自探索谋求可行的应对之策。他们认识到，"过度的个人主义和过度的贪婪，使我们落到了这个地步，我们必须重拾昔日美好时光的价值标准、互信和利他主义"。① 加之战后欧洲进步主义思想的历史传统和深厚积淀，以及资本主义制度仍在全球具有巨大的影响力，欧洲文化价值观未来一段时间将在迷茫与震荡中继续寻求自我修复和重建。

---

① 沈永福、王茜:《金融危机引发西方学者对个人主义的深刻反思》,2014 年 4 月 11 日,
见 http://theory.people.com.cn/2014/0411/c143844-24881184-2.html。

从德国汽车业"尾气门"看
"莱茵资本主义模式"困境

    2015 年，德国大众公司因在柴油车尾气排放检测中弄虚作假，遭美国监管部门重罚，从而揭开了德国汽车业"尾气门"的黑幕。随着调查的深入，大众、奔驰、宝马、奥迪等德国各大车企被曝均牵涉"尾气门"。后来，大众和奔驰向德国监管部门承认，自 20 世纪 90 年代以来，几家车企联手制定"向下看齐"的排放技术标准，以图垄断市场。"尾气门"事件不仅使德国汽车业光环褪色，令"德国制造"蒙羞，它所折射出的制度性弊端更引发人们对"莱茵资本主义模式"（以下简称"莱茵模式"）的反思。

    "莱茵模式"是当今世界资本主义主要发展模式之一，以德国等莱茵河流域国家为典型代表，其特征是市场竞争与国家干预相结合，工会与雇主共商劳资关系，注重社会福利保障。与追求资本利润最大化的"盎格鲁-撒克逊模式"相比，"莱茵模式"更加注重通过"有形之手"克服资本主义的弊端。金融危机爆发以来，许多人认为德国经济的优异表现足以证明"莱茵模式"的优越性，是资本主义制度的"正面典型"。然而，"尾气门"凸显出新形势下"莱茵模式"面临的制度性困境。

一、资本的逐利本性膨胀

"莱茵模式"中，资本受到政府、工会和银行的多重制约，一定程度上掩盖了资本主义的制度弊端。但资本的逐利性没有也不可能消失，反而在全球化背景下不断释放。一是自由资本主义占据上风。冷战结束20多年来，新自由主义和欧洲一体化快速推进，其带来的资本金融化和金融全球化很大程度上改变了莱茵模式的运行逻辑，资本的利益和意志盖过了公众和国家整体利益，进而加速了"莱茵模式"向自由资本主义的蜕变。二是资方在劳资关系中占据主导权。"劳资自治"是"莱茵模式"的一大特色，工会在劳资谈判中与资方平起平坐，为工人争取权益。但在自由资本主义思潮的强劲冲击下，资本主义国家政权为资产阶级服务的本质日益暴露，政府对劳动力市场的规制减弱，资本借助国家机器在劳资关系中攫取越来越多的主动权。三是资本金融化改变企业经营模式。"莱茵模式"下，银行、地方政府、公共机构、家族是企业资金的主要来源，企业决策须由所有利益攸关方共同商议，因此，长远发展、投资安全和社会效应都对企业决策产生影响。而随着资本金融化的普及，资本市场逐渐成为企业主要融资来源，企业决策也转为股东利益导向，资本利益最大化成为企业经营的唯一目标。

二、政府与企业关系走样

"莱茵模式"把政府定义为"秩序的捍卫者"，有维护市场规则和社会公正的义务。但事实上，资本主义制度下的政府最终只是资本利益的代言人，这一点在"莱茵模式"中也不例外。一是政府对"大到不能倒"的企业态度暧昧。汽车业是德国最大产业，雇佣人员达就业总人口的1/8。多年来，为保住大财团的支持和票仓，德国政府对各大车企违规的行为监管不够严格。"尾气门"曝光后，大众公司所在的下萨州政府在发表官方声明前，"按惯例"将文件交大众审核并弱化相关措辞。与美国监管部门对大众施以重罚不同，德国政府对违规车企非但没有采取实质惩罚措施，反而支持其以降低排放水平为由，通过"以旧换新"大搞柴油车促销。二是企业对政府的影响无孔不入。以德国汽车业为例，各大车企不仅在政治献金上慷慨捐赠，更雇用了庞大的游说集团打通与政界的沟通渠道。比如，德国汽车业最大游说集团"德国汽车协会"主席魏斯曼曾任德国交通部部长。总理府前部长克莱登被奔驰公司高薪聘为公关主管。德国政府前发言人施泰格卸任后被大众公司聘为公关主任。

三、社会贫富差距走高

"莱茵模式"一定程度上缓解了贫富分化现象。尽管如此，两德统一以来德国社会贫富差距依然不断拉大，基尼系数从 0.25 上升至 0.29。一是就业率与贫困率同步发展。2003 年施罗德政府开启"2010 议程"改革以来，德国就业率稳步提升，但就业质量堪忧，大量"一欧元工作"导致"劳动致贫"现象愈加普遍。据统计，平均每 7 个德国人就有 1 个生活在贫困线（收入低于平均水平的 60%）以下。二是贫困代际传递现象突出。德国教研部调查显示，富裕家庭子女进入大学的比例比工人家庭高三倍，就业质量也大大高于后者。教育分化使得社会流动性降低，贫困人群的上升通道更加狭窄，进一步加剧了贫富分化。三是移民贫困发生率偏高。据统计，德移民贫困率高达 27.7%，接近整体贫困率的两倍，辍学率和失业率也明显高于本土居民。与其他社会群体相比，德国外来移民收入低、受教育少、失业率高，脱贫更加困难。

虽然从表面看，全球化打破了"莱茵模式"下政府、银行和工会对资本的节制，从而导致许多国家市场失衡、资本失控、社会失序。但是，从全局看，全球化是外部因素，且对德国以出口为导向的经济发展模式总体利大于弊。"莱茵模式"虽然对资本主义的剥削性进行了温和化改良，牺牲一定的市场效率换取更多社会公正，但并未也不可能触及生产社会化与生产资料私有制之间的基本矛盾，政府依然是资本的代理人，对缓解资本主义内在矛盾的努力也只是扬汤止沸。

"尾气门"折射出"莱茵模式"的内在弊端，进一步印证了资本主义难以调和的基本矛盾。当然，"莱茵模式"作为受社会民主主义影响较深的资本主义发展模式，历经数十年考验，在欧洲仍然具有一定影响和发展潜力，在处理市场与政府关系、促进劳资良性互动和构建社会福利网等方面，也有值得借鉴的地方。我们需要客观深入认识"莱茵模式"遇到的困难及其发展趋势，辩证扬弃地总结资本主义各种发展模式的经验教训，充分发挥我国社会主义制度优越性，不断推进国家治理体系和治理能力现代化，为"两个一百年"奋斗目标的实现提供有力保障。

深陷民主困境的欧洲还能自拔吗？

以多党竞争、公民普选、代议制为主要特征的欧洲民主一直以来就面临诸多批评，其实践的无效性、理论的虚伪性、前景的不确定性并未随着欧债危机的逐渐消散而好转，民主困境愈陷愈深。作为欧洲资本主义制度重要一环的民主，其探索创新、发展前景等动向和趋势值得密切跟踪、深入研究。

一、民主实践乱象丛生

欧洲民主赤字加剧、公投意外频发、输出民主失败等都使得鼓吹"民主万能论""历史终结论"的精英阶层屡屡受挫。欧洲民主近年来在实践上的窘境大体可用三个表象来概括。

一是失范。在欧洲，作为民主机构的议会经常议而不决、久拖不决，更像是一个"民主政治"的表演场，近年来更是连赋予决策表面合法性的功能也丧失殆尽。英国脱离欧盟、意大利宪法改革等本应在议会内部进行讨论、决策的问题反而求助于公投，这是精英阶层和执政党典型的"撂挑子"行为。法国总统马克龙利用该党掌握的议会多数通过法案，获得无须通过议会表决即可进行劳动法部分改革的权力。

二是失效。近年来，欧洲民主引以为傲并借以对其他国家指摘的多党制愈来愈变味走样、形同虚设。一是恶性竞争，各党为了赢得大选上台执政而相互攻讦，恶斗成为惯例。二是金钱至上。金钱关系、裙带关系、家族政治在欧盟及成员国选举中的重要性日益突出，不仅竞选花费惊人，而且经过垄断资本、政治大佬在党内初选后，再被选出的政治家无一不是资本的"傀儡"。三是否决政治。在野党为否决而否决，短命政府、弱政府、组阁难产、政府危机已经成为欧洲多国政治生态的重要特点和常态。葡萄牙政府在 2015 年组建仅 11 天即被赶下台，2014 年意大利莱塔政府在组建 9 个月后被迫解散。四是民主赤字。投票率持续保持低位是近年来民众对民主、党派悲观失望的真实写照。2014 年欧洲议会选举投票率仅有 42.54%，创下 1979 年欧洲议会直选以来投票率新低。[1]2017 年法国立法选举一轮、二轮弃权率均过半，为第五共和国以来首次立法选举弃权率超过 50%。

三是失序。游行示威等本应是欧洲所谓现代民主的"非常态"，但近年来却逐渐成为政治生活的"常规"动作。当前，欧洲的游行示威正在进行着两种"转型"。第一种是从单一游行示威转向游行示威和广场辩论相结合，如 2016 年法国爆发著名的"黑夜站立"运动，成为"尝试创立一种与传统政治不同的新型民主模式"。[2] 第二种是从社会运动转变为政治力量。新兴民粹政党在欧洲多国如雨后春笋，其中最典型的是西班牙"我们能"党。该党从社会运动演变而来，成立仅三年就已在两次全国大选中成为第三大党，与传统两大党形成"三足鼎立"之势。

---

① 任彦：《欧洲议会选举投票率创历史新低》，2014 年 8 月 10 日，见 http://world.people.com.cn/n/2014/0810/c1002-25437895.html。

② 观察网：《法国兴起"黑夜站立"运动尝试创立新型民主模式》，http://www.guancha.cn/europe/2016_04_24_357999.shtml，2016 年 4 月 24 日。

二、民主理论问题重重

欧洲现行民主理论主要来自欧美民主理论家熊彼特、萨托利、达尔等人。苏东剧变后，欧美利用话语权优势将欧美民主变成民主的代名词和唯一标准。总体看，欧洲民主理论存在以下多重问题。

一是根本缺陷。马克思主义唯物史观认为经济基础决定上层建筑，民主作为上层建筑必然同资本主义的命运捆绑在一起。不断爆发、挥之不去的国际金融、经济危机深刻证明资本主义生产的社会化同生产资料的私人占有这一基本矛盾是不可调和的。近年来，欧洲民主的探索和创新只是"换汤不换药"的改头换面，为的是因应经济的螺旋式发展、科技的日新月异、人口结构的不断变化，但欧洲民主根本的"基因缺陷"无法改变。

二是逻辑混乱。一是将民主与选举混为一谈。欧洲民主将选举放在第一位，而把民主的核心"人民当家作主"放在次要位置，甚至提出选举即民主，认为只有实行竞选的国家才是民主国家。这种"选举式民主"，只是一种程序民主，只是资产阶级披着合法外衣对民众洗脑、加强统治的手段。二是只看纵向民主不看横向民主。① 如果把欧洲"选举式民主"自下而上选举领导人的过程姑且看作是民主的话，那么它忽视了政治经济关系这一横向维度，即决策过程是否民主，是否真正回应了民众诉求。三是只看眼前不看长远。认为只要保证了程序民主的"政治正确"就万事大吉，政治经济社会长期稳定的大局只能"量力而为"，这可谓典型的"买椟还珠"的做法。

三是认同缺失。传统意义上讲，"民主"中的"民"是指一国的公民。过去欧洲各国人口构成、国家认同等相对稳定、单一，"民"的指向比较明确，不存在太大争议。但如今，欧洲人口穆斯林化日益突出和欧洲

---

① 杨光斌：《让民主归位》，中国人民大学出版社 2015 年版，第 93—94 页。

土著对外来移民的天然排斥引发严重"社会割裂",民粹主义、种族主义者认为穆斯林等族群没有资格成为"民",外来族群在经济社会生活中越来越被边缘化,参加选举等政治权利更是无从谈起。"民"变导致身份认同、国家认同严重缺失,但欧洲民主理论没有与时俱进、无法满足现实需要。

三、民主发展困境难解

欧债危机爆发以来,欧洲也在对民主进行反思,显示出自我改革和调整的能力,希冀重现所谓民主辉煌,但欧洲把原本只是一个中性词汇的民主意识形态化和道德化,这一"光环"使欧洲作茧自缚、反受其害。长期来看,欧洲民主的致命"基因缺陷"致其无法逃脱和资本主义制度一样的命运。中短期来看,欧洲民主发展已陷入困顿,未来它的一个重要发展方向是将部分决策的权力交回到它的合法承担者公民手中,但公投也将给政府和执政党带来不能承受之责,退出欧盟和欧元区的公投可能重创欧洲一体化甚至使联盟分崩离析,而苏格兰公投、西班牙加泰罗尼亚公投等都将造成国家分裂。

我们要客观看待欧洲民主困境。一方面,要看到欧洲民主虽然正在甚至已经走向衰落,但尚具有较强的自我修复能力,同时欧洲不会放弃将民主作为对外推广意识形态的重要工具。另一方面,中国特色社会主义民主坚持党的领导、人民当家作主和依法治国有机统一,坚持选举民主、协商民主、治理民主相结合,以及 56 个民族团结一心、实现中华民族伟大复兴中国梦的高度国家认同感,都是欧洲民主所无法比拟的。我们要坚持中国特色社会主义道路自信、理论自信、制度自信、文化自信,坚持并不断发展完善中国特色社会主义民主,使之成为实现中华民族伟大复兴的重要政治保障。

北欧模式的主要特点及福利国家面临的挑战

北欧国家在"二战"后逐步建立了普惠型的福利国家制度，形成了以高税收、高福利为主要特征的北欧模式。但 20 世纪 70—90 年代北欧国家陷入经济危机，北欧模式备受挑战和质疑，不得不对福利国家制度进行改革、调整。

一、北欧模式的缘起

北欧模式是在社会民主主义思想影响下对资本主义进行改良的产物。它始于 20 世纪 30 年代，"二战"以后初步确立，90 年代以后进一步改革完善。该模式的建立具有独特的社会历史条件。

一是社会民主主义的发展。德国社会民主主义思潮在 19 世纪 80 年代传入北欧，受此影响，北欧各国相继建立了社会民主党。他们积极组织工人运动、参加议会选举，为社会民主主义的发展提供了组织力量。北欧社会民主党主张社会改良，倡导通过渐进式的社会政策解决社会问题。

二是"普遍福利主义"深入人心。长期以来民众对"普遍福利主义"理念的认同，是北欧模式能够成功的重要因素。其中"人民之家"与"进步主义"是"普遍福利主义"的两块重要基石。①"人民之家"理念主张每个公民以国为家，以国为其福利内容的最主要承担者。"进步主义"理念支持在混合经济的架构下劳动人权和社会正义的持续进步，在战后社会政策立法和社会保障体系的发展中也起了重要作用。

三是多种形式实现充分就业。北欧国家通过其适度的激励机制及不断调整的相关政策，实现了相对于其他国家和地区的高就业率。一是国家主导的社会服务体系。北欧国家具有发达的公共福利服务机制，幼儿抚育、病残帮扶、洗衣清洁等"家务活动"中相当一部分转移到学校、医院、社区等社会机构中，这些机构为很多无业人员特别是家庭妇女提供了就业岗位。二是强化人力资源投资。北欧国家一方面大力发展国民教育，另一方面对失业人员进行有效培训，使其具备再就业的能力。

四是通过组织对话形成社会政策。北欧社会中不同的阶层、群体和政党的代表经过长时间的接触、对抗与合作，逐渐形成了团体博弈和妥协的制度传统。各阶级阶层通过其利益代表者在有效的途径和渠道中进行政策博弈，从而达到双赢或多赢的效果。这种为各个阶层所普遍接受和认可的"组织化谈判"模式为协调不同团体间利益提供了极大的可能性，成为"社会内在稳定器"。

二、北欧模式的特点

北欧模式强调通过调和阶级矛盾实现公平与效率兼得，在经济、社会建设等方面具有鲜明特色。

一是实现经济增长与社会福利的均衡发展。从 20 世纪 90 年代中后期开始，北欧各国经过政策调整逐渐摆脱经济危机影响，经济发展速度

---

① 黄莎：《浅析北欧模式成功的主要原因及其启示》，《人民论坛》2013 年第 33 期。

提高，企业竞争力增强，爱立信、诺基亚、沃尔沃等企业代表着北欧在高技术领域的成功。在实现经济较快发展的同时，北欧国家继续加大对高福利的投入。政府福利开支相当于国内生产总值的 1/5、财政收入的 1/3 甚至更高。① 北欧国家确立了失业与劳动保险、养老保险、疾病保险、免费教育、产假、儿童补贴以及社会救济和社会服务等一整套社会福利制度。

二是注重效率与公平的有机统一。北欧各国在经济发展中高度重视效率，一方面通过调整产业结构，使那些设备陈旧、效率低下的企业被市场淘汰；另一方面通过对高科技企业投资或给予优惠，使企业有充足财力来更新设备和技术，增强国际竞争力。在注重经济效率的同时，北欧各国努力通过二次分配缩小贫富差距，实现社会公平。除了建立惠及广大民众的社会福利制度外，北欧国家一方面实施积极就业政策，通过对失业人员的培训提高其再就业能力；另一方面利用税收调节收入分配，个人收入的 1/3 要缴纳个人所得税，瑞典的个人所得税最高边际税率一度高达 84%。经过税收和福利的平衡之后，收入最高的 10% 的人口和最低的 10% 的人口的收入差距由原来的 10 比 1 降到大约 4 比 1。

三是通过劳资妥协增进社会合作，促进社会和谐。北欧模式奉行"妥协与合作"的宗旨，积极调和劳资矛盾，建立起政府、资方、劳方三方协商机制，对涉及劳工和雇主利益的各种问题进行谈判，以达成"文明的妥协"。罢工、停业等极端事件明显少于其他资本主义国家，保证了生产平稳进行和社会和谐有序。

四是通过高度重视教育和科研投入，实现可持续发展。北欧模式将人力资源视为最重要的资源，教育投入占 GDP 的比重长期保持在 7%

---

① 中央党校赴挪威、瑞典考察团：《"北欧模式"的特点和启示》，《科学社会主义》2007 年第 6 期。

左右（欧洲平均水平为 5%），建立起包括职业技术教育在内的完整教育体系，培养出大量科技人才和高技能劳动者。研发人员占全部劳动力的比重在 2% 以上（欧洲平均水平为 1.5%），部分国家研发投入占 GDP 比重为欧洲平均水平的两倍。各国经济增长主要依靠科技进步和提高劳动力素质，实现了可持续发展。

三、北欧模式面临的主要挑战

北欧模式形成和发展过程中，各国经济快速发展，贫富差距显著缩小，社会福利明显增加，阶级矛盾有效调和，北欧国家发展成为世界上最繁荣、稳定的地区之一。但随着全球化深入推进，北欧国家面临的内外环境发生深刻变化，持续的经济萧条和滞涨现象使北欧模式面临严峻挑战，福利国家制度出现危机。

一是面临新自由主义的挑战。近年来，持续的经济衰退使人们质疑福利国家的可持续性，福利国家制度饱受新自由主义理论的批判。常年执政的社会民主党在应对经济危机时过于迷信其过去的成功经验，否认现行政策的缺陷，使其社会政策越来越僵硬，结果社民党在大选中频频遭遇失败，而奉行新自由主义政策的中右翼政党纷纷上台执政，以自由化、私有化和削减福利为重点的新自由主义政策对传统的社会民主主义价值观造成冲击。

二是面临人口老龄化的挑战。由于人口生育率下降和预期寿命延长，北欧是世界上人口老龄化问题最突出的地区之一，65 岁以上人口接近总人口的 1/5 且呈持续上升趋势。[①] 根据预测，到 2020 年前后，北

---

① 张燕：《北欧如何应对老龄化社会的挑战》，2016 年 7 月 8 日，见 http://ex.cssn.cn/dzyx/dzyx_xyzs/201607/t20160708_3103271.shtml。

欧每五人中就有一位老年人口，而在 65 岁以上人口中，80 岁以上高龄老人的比例将高达 30% 以上。人口老龄化对北欧国家经济社会发展造成严重影响：为保障老年人生活而制定的国家养老保险计划使政府财政不堪重负，完善的退休保障刺激人们早退休，抑制了就业；劳动力数量持续下降，用工成本不断上升，制造业空心化严重；非物质生产部门过于膨胀，制约了经济增长等。

三是面临移民问题的挑战。由于劳动力短缺，北欧国家吸收了一批移民。在挪威，移民人口占了总人口的大约 5.5%。① 日益庞大的移民群体正在改变北欧的单一民族结构，对北欧社会的安定造成严重冲击。一是移民犯罪率居高不下。北欧社会 30% 以上的刑事犯罪案件与移民有关，二代移民的犯罪率也呈上升趋势。二是移民加大了政府财政负担。移民由于语言、习俗等问题难以快速融入社会，生活主要依靠社会救济，加大了政府福利支出。三是反移民的民粹主义和极端右翼势力影响上升，造成了社会撕裂。如何使外来移民尽快融入主流社会并构建更加包容、文化多元的社会，成为北欧各国政府面临的一大难题。

四是面临全球化带来的挑战。由于高额的税负，高素质劳动力移民海外人数不断增多，威胁北欧经济未来发展。根据世界银行统计，丹麦、挪威、芬兰具有本科以上学历的国民移民海外比例在 7% 左右，瑞典约 4.5%，高于经合组织国家 4.1% 的平均水平。随着全球化进一步深入，劳动力迁移更趋自由，各国对高素质人口的争夺将更加激烈，如何留住、吸引高素质人口，保持经济的创新、发展动力，将是北欧国家面临的重大挑战。

---

① 中国视角：《漫谈挪威的移民问题》，2011 年 7 月 25 日，见 http://guoneinews.blog. sohu.com/179311010.html。

　　面对福利国家制度出现的问题，北欧国家从 20 世纪 90 年代开始进行大刀阔斧的改革调整，纷纷采取政府减少对经济的直接干预，调整税收制度，改革社会福利制度等措施，以期使北欧模式持续健康发展。

北欧模式面临的挑战及其改革探索

近年来，以全面福利、健康的公共财政及运作良好的市场经济著称的北欧模式面临诸多困难，其中最主要的是三大严峻挑战：一是数字化革命将导致未来 10 至 20 年内一半就业机会消失。二是全球化导致人员跨界流动更加频繁，产生跨界社会福利协调、发展中国家过剩廉价劳动力冲击及企业外迁等问题。三是人口老龄化导致公共财政压力加大，养老金面临可持续发展问题。

如何成功地将社会保障、劳动力市场政策和经济发展更紧密结合，是北欧各国面临的共同课题。近年来，北欧各国政府采取了一系列改革举措，有关内容值得研究。

一、改革劳动力市场政策

一是促进全面就业，推进经济发展，解决福利资源短缺问题。北欧五国中芬兰、瑞典两国失业率一直较高。2018 年，芬兰、瑞典两国失业率虽有所下降，但仍分别高达 8.8%、7.5%，失业和部分行业人才短缺问题并存。2016 年 4 月，芬兰政府宣布出台一系列举措改善就业状况并推动创业，包括增加工资津贴、对初创企业给予资金资助或税收优惠以鼓励企业招收员工等。2017 年 4 月，芬兰政府在其执政计划中再次出台提振就业的举措，包括投入 5000 万欧元用于激励就业，对不积极寻求就业者采取更严厉的限领失业救济金政策，为自寻就业出路者提供更好的失业保障和病假福利等。① 瑞典拟于 2018 年年底前增加 1.43 万个高等教育名额，主要面向人才短缺行业。2017 年 3 月，瑞典政府出台政策草案，规定聘用首位雇员至少 3 个月的企业将享受减免雇主税的优惠。

二是提高劳动力素质，抵御外部冲击。为提高劳动力素质，北欧各国以终身教育和教育机会平等为原则，加大知识和技能投入。2007 年，丹麦制定了提升全民终身技能的《丹麦终身学习战略：全民教育和提升全民终身技能》，旨在促进个人就业、发展和公民的社会参与，涵盖了教育和学习的所有形式。2012—2013 年，丹麦政府先后成立了职业教育改革委员会、青年教育计划咨询委员会。2013 年，丹麦 30 至 69 岁人口中有 70% 完成了可授予专业资格的教育。2018 年 1 月，芬兰启动数十年来最大的职业教育体系改革，核心是培养个人竞争力。

北欧国家政府还注重激发民众创新创业的能力，帮助民众适应经济结构性调整，尽量减少失业。如人口仅有 550 多万的芬兰诞生了诸多全球知名的科技创新企业和品牌，如通力（Kone）电梯、诺基亚手机等老品牌，以及近年来风靡全球的游戏"愤怒的小鸟"和"部落冲突"等。2018 年 6 月，瑞典政府宣布成立专门调查委员会，研究为自主创业者、小企业主以及准备创业的民众设立特别的社会保险体系，旨在解除民众创业的后顾之忧。

三是保护和加强有组织的就业，打击社会倾销。组织良好的劳动力市场是北欧模式的重要支柱之一。所谓组织良好的劳动力市场，表现在

---

① http://fi.mofcom.gov.cn/article/jmxw/201704/20170402566880.shtml.

劳动市场秩序良好，政府、劳方及资方三方相互合作，统一协调工资水准，劳资双方签订工资集体协议，以中央调控和地方浮动的协调工资结构拉平工资差别，企业需裁员时应遵守"先进后退"原则等。北欧国家中左政府当政时十分重视良好的劳动力市场秩序，认为让民众拥有工资和工作条件良好的固定工作，就能更好地促进社会公平和机遇平等。近年来，商品和人员跨界流动更加频繁，导致北欧劳动力市场遭到来自国内外的很大压力，主要体现在社会倾销、劳动力市场犯罪及劳动力市场分化。所谓社会倾销主要是指高工资的工业化国家进口价格相对低廉的外国产品，导致本国部分就业机会消失。2012 年，北欧工运合作委员会研究制定了"北欧模式 2030 年项目"，[1] 大力推动制定北欧统一的劳动力市场规则，应对全球化和廉价外来劳工对北欧劳动力市场的冲击。此外，北欧国家还从全球层面努力寻找解决劳动力市场问题的对策。2016 年 9 月，瑞典首相勒文在联合国总部发起"全球新政"倡议，主张加强政府与民间组织对话，共同应对全球劳动力市场挑战，使有关各方从全球化中受益。[2]

四是缓解人口老龄化压力。一是根据人均预期寿命逐步推迟退休年龄。目前，北欧五国退休年龄已相当高，挪威、冰岛、丹麦、瑞典、芬兰法定退休年龄分别为 67、67、67、67、65，各国还研究下一步再推迟退休年龄。丹麦政府鼓励推迟退休的新规定于 2018 年 7 月 1 日生效。根据新规，劳动力如果在超过退休年龄 4 年后领取国家养老金，可获奖金约 29.6 万丹麦克朗，并在 10 年内每年额外获得约 3.5 万丹麦克朗。如果达到退休年龄仍坚持工作 2 年以上，可获得奖金约 14.8 万丹麦克朗，并在 10 年内每年额外获得约 1.7 万丹麦克朗。2018 年 6 月，瑞典

---

[1] http://samak.info/den-nordiske-modellen/nordmod2030-projekt/.

[2] https://www.regeringen.se/artiklar/2016/09/tillsammans-med-oecd-och-ilo-lanserar-statsminister-stefan-lofven-global-deal-i-new-york/.

政府建议为自愿推迟退休的劳动者加强劳动保护，并提议到 2023 年将瑞典《劳动保护法》所规定的退休年龄由 67 岁逐步延长至 69 岁。二是鼓励生育。北欧国家一直将提高生育率作为一项重要国策，其生育福利在全球居于前列，如瑞典规定新生儿父母可享有 16 个月带薪产假（双胞胎为 22 个月），政府每月为每个儿童发放 1050 克朗（约合 130 美元）津贴，直至其年满 16 周岁为止。三是提升相关方面的社会责任感。政府、工会及企业三方加强合作，促进社会公平和两性平等。北欧国家普遍重视企业的社会责任。瑞典在世界上率先设置企业社会责任问题协调部门。

五是提高劳动力市场的包容性。促进全面就业是确保福利资源可持续的重要条件。北欧各国政府采取多种举措，帮助弱势群体适应劳动力市场。据统计，2016 年丹麦税收的 44% 用于保护弱势群体，投在失业救济、疾病保险、再就业培训等领域。2017 年 11 月，丹麦政府和部分政党就社会弱势群体扶助计划达成共识，将于 2021 年前推出约 80 项措施，拨款 32 亿丹麦克朗帮助社会弱势群体和边缘群体就业等。

2015 年大批难民涌入瑞典，其中大部分人文化程度低。2018 年 2 月，瑞典政府与劳资双方达成协议，计划为新移民和长期未就业者提供就业岗位，该计划至少覆盖 1 万人。根据协议，自愿就业的上述人员将从企业获取薪资 8400 瑞典克朗，同时从政府领取最高 9870 瑞典克朗补贴。2018 年 6 月，瑞典新移民就业开始出现积极势头。一是等待就业的时间缩短，二是就业人数增加。2018 年 7 月，瑞典政府公布新制定的打击社会隔离现象的长期战略，承诺在 2018—2028 年期间，每年向社会隔离现象严重的地区拨专款 22 亿瑞典克朗，用于打击社会隔离现象，消除因种族、宗教等不同而采取的排挤措施，使不同种族群体和不同宗教信仰的群体能够更加顺利地进入劳动力市场，进而融入当地社会。

二、推动经济社会可持续发展

北欧部长理事会对可持续发展问题的重视由来已久，认为北欧各国共同应对减排、环境和社会福利等问题，比各国独自应对效果更好。2013年9月，北欧第五届可持续发展大会制定了"可持续发展战略""可持续北欧福利模式"及《2014—2017年北欧能源部门共同行动纲领》等一揽子合作方案，以促进北欧各国在福利模式、生态体系、气候变化、能效、土地资源可持续利用、教育、科研及创新等重点领域的跨国、跨部门合作；建立有关可持续发展指标的北欧统计数据库，成立北欧专家小组，负责跟踪北欧可持续发展战略实施并献计献策。[1]

进入21世纪以来，北欧国家碳排放量总体保持下降趋势。芬兰在节约水资源、封闭性工业水循环和高效污水处理等领域拥有世界一流的技术、工艺和咨询服务，在联合国"水贫乏指数"（Water Poverty Index）评价体系中被列为全球可持续性水资源管理水平最高的国家。2018年芬兰已提前实现在2020年前把可再生能源占总能耗的比例从2015年25%提高到38%的目标。[2] 瑞典于2018年1月1日开始实施新减排法规，计划到2030年将道路交通排放量减少2/3，到2045年实现温室气体零排放。据冰岛工业与创新部数据，2014年冰岛能耗的71%来自可再生能源，居欧洲各国之首，挪威以69%紧随其后。

与此同时，北欧国家高度重视消灭贫困，缩小社会差距，为实现可持续发展扫除障碍。北欧国家均致力于消灭贫困，尤其是儿童贫困，避免贫困和不平等的代际传递，并采取了大量措施向贫困人口提供价格合

---

[1] https://www.norden.org/en/publication/good-life-sustainable-nordic-rcgion.

[2] http://fi.mofcom.gov.cn/article/ztdy/201508/20150801092723.shtml.

理或免费的公共部门服务。北欧各国都实行免费教育和医疗，并向低收入民众提供一定数量的廉租房或住房津贴；设有育儿津贴及幼儿补助、免费午餐、免费校车等各种儿童福利，以保障有子女家庭能维持良好的生活水准。北欧各国多年来还通过征收高额边际税以缩小收入差距。2012 年 10 月，经合组织年度调查报告显示，瑞典和丹麦的边际税率在成员国中分别位居第一和第二，为 56.6% 和 55.38%。

三、建设更富韧性的福利制度

北欧福利模式运行数十年来弊端凸显。由于有高福利作保障，部分民众失业后不思进取或主动"泡病号"，从而出现高失业率下劳动力不足的现象，导致公平与效率失衡，经济发展缓慢。对此，北欧各国主要采取了以下应对举措。

一是把扶助失业者和弱势群体的重心由补助转为提供再就业培训和辅导。福利改革的方向由保护民众免受市场伤害，向提高自身抵御市场风险的方向转变。二是限领福利以治疗"福利病"。丹麦 2010 年将失业金领取年限由 4 年缩短为两年，并把参与再就业服务和培训计划作为领取失业金的条件。2016 年，丹麦又通过社会福利上限法案，对住房补贴等社会福利的申领金额进行限制，还要求接受相关补助者每年至少工作 225 小时。据丹麦《今日新闻报》报道，截至 2018 年 4 月，领取福利人数减少了 2.27 万。但目前丹麦仍有 1/3 的失业者拒绝工作。瑞典应对"泡病号"的措施是联合政府有关部门、劳动力市场各方、医疗保健部门，共同制定和实施"治疗"方案。2016 年 2 月，瑞典政府宣布严格限制疾病保险金领取时限，争取到 2020 年将疾病保险领取时限压缩为最多 9 天；要求有关部门积极采取措施，改善就业环境，为患者康复及再就业提供帮助。

四、提高企业的国际竞争力

一是调整税收。调整税率和税种结构，减少企业税、就业税，增加财产税、消费税。2013 年和 2014 年，瑞典、芬兰、挪威三国先后将企业税率分别由 26.3%、24.5%、28% 下调至 22%、20%、27%，芬兰政府还计划进一步降低税率。

二是保障研发投入。欧盟统计局数据显示，2014 年芬兰研发投入共计 65 亿欧元，占 GDP 的比重为 3.17%，瑞典和丹麦研发投入的 GDP 占比分别为 3.16%、3.08%，均居欧洲国家前列。据冰岛统计局和欧盟统计局数据显示，2016 年冰岛研发投入的 GDP 占比为 2.08%，也高于欧盟 2.03% 的平均水平。

三是营造良好创业环境。2013 年，北欧理事会制定了 2014—2017 年北欧创新与经济政策合作规划，包括创业与筹资、绿色增长、福利新方案及文化和创意四个方面，以加强北欧创业环境的吸引力，提高国际竞争力。

五、探索公共部门改革新举措

北欧各国公共部门改革侧重提高效率，重点从以下三点入手。一是引进市场机制，允许私企按有关规定提供公共服务。瑞典政府允许私企参与创办教育，早在 1992 年就开始实施"教育券计划"，通过发放"教育券"，允许学生自由选择公立或私立学校。2017 年 5 月，芬兰政府向议会提交了关于增加公民医保服务自由选择的提案，旨在提高全国医疗系统的效率和服务质量。同时加强对提供公共服务的私营企业的监督。2016 年瑞典政府宣布将推动立法，防止部分私企通过低工资和恶劣工作条件压低成本。二是将数字化技术运用于公共部门管理。2016 年 2 月，欧盟"数字社会经济指数"统计显示，丹麦社会经济的数字化程度居欧盟之首，瑞典列第三。2017年年初，瑞典政府设立数字化委员会，负责相关数字化工作。三是不断改进评估公共部门服务质量的方式。北欧各国审计机构对公共部门服务质量的评估工作力求更加全面、方式更加多样。

从历史的角度看，北欧模式一直处于不断探索、发展和调整的过程中，北欧各国为此积累了丰富的经验教训，在坚持经济增长与社会福利、效率与公平、稳定与调整相协调的大框架内，不断对新问题加以研究应对。目前北欧模式也遇到了诸多问题，发展势头受到较大挑战，发展前景值得关注。

冰岛走出国际金融危机的经验教训

一、冰岛经济危机酝酿已久，受新自由主义思潮贻害惨重

北欧小国冰岛地小人稀，金融业发达，人均国内生产总值一度高居全球第三。由于除渔业、地热资源外其他自然资源缺乏，该国政府在新自由主义思想指导下，着力发展高利润、低管制的金融业。结果金融业的过度扩张导致虚拟经济规模超过了实体经济，冰岛经济结构呈现扭曲的倒金字塔形。2007 年，冰岛 GDP 为 193.7 亿美元，而几大主要银行的资产规模却高达 1280 亿美元，所欠外债超过 1000 亿欧元。

2008 年金融危机中，全球资本市场萧条，资本流动性骤然减少。在此影响下，冰岛三大银行因盲目扩张和进行次贷等高风险投资而破产，财政金融体系几近崩溃，外汇市场停业，国民经济和对外贸易遭受重创。2009 年，冰岛 GDP 负增长 6.7%，通胀率高达 18.1%，外债总额骤增至 1200 亿美元，是当年 GDP 的 10 倍。

二、冰岛政府大刀阔斧应对经济危机

2011 年，经过一系列积极应对，冰岛经济触底反弹，实现了 2.5%

的增长，成为较快走出经济危机的欧洲国家之一。其应对经济危机的主要举措包括以下几个方面。

一是应对果断，短时间内重塑财政金融体系。经济危机爆发后，冰岛政府毅然决定将国内三大银行收归国有并进行拆分重组。迅速通过了临时外汇管制法案，限制资本跨境流动和外币兑换，阻止了约80亿美元资本外逃。政府还大力实施紧缩政策，财政赤字从占GDP的13%下降到3.4%，夯实了经济复苏的财政基础。

二是态度开放，积极合作谋求国际社会支持。冰岛政府积极向国际社会寻求支持援助，先后获得国际货币基金组织和北欧国家联合提供的34亿欧元援助贷款。上述资金为稳定冰岛金融秩序，改善不良财政状况起到了关键作用，也为冰岛政府采取措施赢得了宝贵时间。

三是因地制宜，发挥本土产业优势。冰岛政府竭尽所能地提高了渔业捕捞配额，使得捕鱼量从2008年的128.3万吨提升到2012年的145.4万吨。捕鱼量的增加直接提高了居民收入、就业人口和出口创汇。由于地热资源丰富、电价低廉，政府借此大力吸引外资，推动多家外企赴冰岛建厂。同时借克朗大幅贬值之机，大力吸引游客。2012年，旅游业收入占GDP比重升至6%。①

四是鼓励创新，将新兴产业作为经济复苏动力。在科技预算紧缩背景下，冰岛强调产学研结合原则，加强科技对经济的带动作用。设立清洁能源科技专项资金，将清洁能源产业培育为国家新兴支柱产业。借助地热能的发展，推动地热在建筑取暖、温室大棚、海水养殖、炼铝业等领域的应用。

五是大举免债，减轻企业民众负担。冰岛政府实施了世界上最大规

---

① 忻华：《解读冰岛金融危机演进历程：结构特征与形成机理》，《世界经济研究》2009年第6期。

模的家庭债务减免。免除了部分房贷，给予低收入家庭利息补贴。上述措施所实现的免债总额接近 GDP 的 13%，维持了大量中下层民众的购买力。此外，议会还通过立法免除国内企业 10.7 亿欧元的债务，推动受困企业较快走出困境，恢复市场活力。①

三、以小见大，冰岛之鉴值得警醒反思

一是资本主义尤其是新自由主义始终难以自洽。新自由主义主张小政府、大市场，对资本、市场存在天然崇拜。一味迷信金融业的高回报，轻视实体经济的重要性，导致金融业与实体经济大幅脱节。但实际上，既要满足高收入高回报，又要确保低风险低成本，显然无法持续。在 2008 年经济危机最为严重的几个资本主义国家中，金融资本无论在微观还是在宏观层面都占据了主导地位。冰岛弃实业而发展金融业，利用高利率和低管制的开放金融环境吸引海外资本，然后投入高收益的金融项目就是典型的例子。一方面，这种依赖国际信贷市场的杠杆式发展，收益高但风险也大；另一方面，实体产业空心化、虚拟财富高涨带来高消费，使其经常项目赤字高度扩张。

二是经济金融化、虚拟化是资本主义自己服下的毒药。冰岛宏观经济的最大失误莫过于过度放任银行业任意扩张，这一趋势大大降低了金融体系的稳健性。而在本国高通货膨胀、外汇储备又非常有限的情况下，冰岛政府对金融市场、银行和货币缺乏足够的监管和控制能力。冰岛经济复苏的真正动力实际上还是来自于渔业、能源发电等实体经济。因此，保持实体经济活力，不盲目迷信"经济高度金融化"应当成为重要共识。金融的发展必须以实体经济为根基，没有蓬勃发展、稳健可靠

---

① 王家强：《冰岛金融危机的起因、教训与启示》，《中国货币市场》2008 年第 12 期。

的实体经济作为支撑，盲目扩张的金融业发展得越快越大，面临的风险和最终将遭遇的冲击也会越大。

冰岛危机暴露出资本主义周期性危机难以根治的难题，绝不是通过表面改革能够改变的。新自由主义经济思潮影响下，不仅民众习惯靠借债透支维持日常生计，政府也对举债度日习以为常。如果资本主义国家无法改变国家运行的债务化，遇到较大危机时，政府破产的事情就会上演。

其他国家和地区篇

非洲国家对新自由主义进行纠偏

非洲努力改变在经济全球化中的边缘地位

埃塞俄比亚"民主发展型国家"的理论与实践

肯尼亚的经济发展之路

"拉美陷阱"的成因及实质

巴西跨越"中等收入陷阱"的三次尝试

拉美地区一体化进程呈"碎片化"

西方资本主义民主在南亚的发展及影响

冷战后日本的内阁支持率与"塔西佗陷阱"

非洲国家对新自由主义进行纠偏

20 世纪八九十年代以来，在西方压力下非洲掀起新自由主义浪潮，开始推行自由放任的经济政策。这种模式并未取得成功，反而给非洲带来诸多消极后果。非洲国家反思新自由主义弊端，主张加强国家干预力度，把控国家战略规划和关键领域，积极扶持私营企业，着力促进民生改善，建设"发展型"政府。这些改革实践是非洲国家在批判新自由主义基础上，对国家与市场关系进行的适时调整。

一、当前非洲各国发展中呈现出国家干预作用增强的趋势

非洲各国在探索自主发展道路的过程中，由于政治文化差异和市场化程度不同，不同国家在国家与市场关系的调整策略上具有不同特点，但总体呈现出国家干预作用增强的趋势，具体表现为以下几点。

一是注重发展规划，发挥国家的战略引领作用。在新自由主义模式下，非洲的宏观经济管理决策一直受制于西方，缺乏主动性且难有成效，因此各国纷纷将制定国家发展规划作为走出困境的第一步。南非通过制定国家发展规划不断加大政府干预力度，继 2011 年出台《2030年国家发展规划》之后又提出"激进经济转型计划"，力求最大限度利

用国家可用的战略杠杆推动经济转型；① 埃塞俄比亚自 2002 年起先后实施"可持续发展和减贫计划""以农业为先导的工业化发展战略"，并于 2010 年实施首个 5 年"经济增长与转型计划"（GTP），目标是在 2025 年成为中等收入国家和非洲第一大轻工业强国；2016 年第二个 5 年"经济增长与转型计划"已经开始实施；坦桑尼亚于 1999 年制定《2025 年国家发展远景规划》，2011 年实施第一个 5 年发展规划，将农业、基础设施、工业、旅游、人力资源和信息通信作为六大优先发展领域；2016 年继续推行第二个 5 年发展规划，重点支持私营领域发展，以加快国家工业化进程。

二是聚焦重点行业，控制国家的经济命脉。为了摆脱经济命脉旁落的状况，非洲国家开始加强对重点行业的把控，并适时推进国有化进程。在农业领域，加速土地产权改革。津巴布韦在 2000 年启动"快车道"土地改革，强制性地赎买和征收白人占用的土地，并通过立法改革将土地侵占行为合法化，目前津巴布韦的国家所有土地已经占到80%。虽然津巴布韦政府近年来广受诟病，但津巴布韦民盟一直保持执政地位屹立不倒，与其开展土地改革获得广大农民支持密不可分；② 南非曾于 2014 年颁布"对半开"的土地改革方案，计划将地主一半的土地无偿分给农民，尽管这一政策遭到多方反对，只能采取温和的方式逐步推进，但是仍释放出南非政府推动土地国有化的强烈信号。2018 年 7 月 31 日，南非国大党宣布修改宪法的决议，以推动土地改革计划。在能源领域，增加国有资本持股。坦桑尼亚于 2017 年出台了新的采矿

---

① President Jacob Zuma，2017 State of the national Address. See https://www.gov.za/speeckes/president-jacob-zuma-2017-state-nation-address-9-feb-2017-0000，最后检索时间：2018 年 12 月 19 日。

② 吴佳华：《津巴布韦的本土化政策及其对中国投资的影响》，《西亚非洲》2017 年第5 期。

法，强制性要求政府持有 16% 的股权，并保留了进一步增持公司股份的余地，同时规定国家具有撕毁与重新谈判天然气或矿产等自然资源合同以及取消国际仲裁的权利；[①] 几内亚于 2013 年颁布最新修订的《矿业法》，规定在工业化采矿项目中，政府在授予采矿权证的同时即可在矿业公司中免费占有干股，同时几内亚政府还创办了国有企业"几内亚矿业资源公司"，作为管理和开发本国矿产资源的公司平台。在基础设施领域，强化政府主导地位。埃塞俄比亚基础设施投入约占本国 GDP 的 10%，近年来逐步实施的亚的斯亚贝巴—吉布提铁路、亚的斯亚贝巴—阿达玛高速公路、复兴大坝、全国通信骨干网等重点项目，将进一步改善埃塞俄比亚国内交通、物流、电力、通信等条件；肯尼亚政府在 2030 年远景规划的框架下，大力推进基础设施建设，2015—2016 年度拨出预算总额的 30% 用于公共基础设施建设和能源开发投入，蒙内铁路、拉姆走廊等项目为实现东非地区互联互通和一体化建设发挥了重要作用。

三是扶持私营企业，推动政府与市场良性互动。当前私营企业在非洲 GDP 中的贡献达 80%，对实现国家工业化具有非常重要的作用。[②] 非洲国家在深化国家干预的同时，积极扶持私营企业发展，通过发挥市场作用，弥补国家财力有限的短板。卢旺达在《2020 年远景规划》中明确以私营经济为导向的发展模式，政府不再参与可以依靠私营企业提高的生产活动，而是通过对基础设施、人力资源和法律体制的建立来刺激私营经济的发展；喀麦隆专门成立了"能力提升局"，负责提高本国私营企业的国际竞争力，并在世界银行下属国际金融公司的推动下实

---

① 参见坦桑尼亚《2017 年自然财富和资源（永久主权）法》《自然财富和资源合同法》《书面合同（杂项修订）法》。

② 张忠祥：《当前非洲经济转型的特点》，《上海师范大学学报》（哲学社会科学版）2016 年第 2 期。

施"提升私营部门能力"项目，使公共部门和私营部门能够共同合作，一同提升工业化能力；尼日利亚积极探索 PPP 模式，改变过去政府对港口、道路、机场等基建项目大包大揽的做法，引进私营企业、民间资本和外来投资，以克服政府管理水平低下的弊端，尽快摆脱基础设施整体落后的局面。

四是重视民生问题，完善政府的公共服务职能。长期以来，非洲"有增长无发展"的局面一直得不到改善，各类民生问题严重威胁社会稳定。因此当前非洲经济转型的主要目标就是实现包容性增长，真正解决就业、贫困等民生问题。坦桑尼亚将有限的财政资源投向教育等民生领域，强力推行中小学义务教育，基础教育入学率大幅提升，目前坦桑尼亚的成人识字率达 90.4%，是非洲文盲率最低的国家之一；尼日利亚青年贫困与失业问题日益严峻，为缓解这一趋势，政府先后发起青年企业家创业计划、毕业生实习计划、尼日利亚农业企业家计划、中小微企业发展基金、青年农业就业工程等鼓励青年就业创业；安哥拉政府推出"全民饮水"计划，通过建立小型供水系统，向城镇和农村地区供水，目前已覆盖全国 55% 的地区和 380 万农村人口，有效缓解了百姓的用水问题。

二、国家干预在非洲国家经济社会政策中的回归，源于各国对新自由主义多重危机的反思与批判

新自由主义政策是西方强加给非洲国家的，这种外来模式带有浓厚的政治色彩，从推行之初就受到广泛质疑。20 世纪 70 年代，石油危机的爆发使非洲经济形势恶化。西方借机在非洲鼓吹以"私有化、市场化和自由化"为特征的"结构调整方案"。为获得经济援助，非洲国家被迫接受这一方案，削弱了国家干预经济的能力。新自由

主义是西方发达国家在全球化背景下建立于己有利的国际政治经济秩序的理论工具，目的是通过对发展中国家的经济渗透和扩张，实现政治控制，进而继续推行"新殖民主义"策略。这种政策无视发达国家与发展中国家之间的巨大差距，从一开始就将非洲置于从属地位，显然不适合市场发育不完善的非洲，因此许多非洲国家对新自由主义一直持怀疑态度，认为结构调整方案表面上是为了帮助非洲克服危机，实际上只能使非洲和全球体系之间的不平等和剥削关系持续下去。

新自由主义政策的实施带来诸多消极后果，迫使非洲各国重新调整国家与市场关系。新自由主义政策实施以来，非洲经济在短期内得到一定改善，但这一"西式药方"很快就暴露出极大的不适用性。首先，损害了非洲国家的政治经济主权。西方利用援助手段控制非洲国家的经济决策权，强化非洲对于西方国家的经济依附关系，阻碍了非洲的自主发展。一直以来，非洲国家的各项改革尝试常常在讨论阶段就止步不前，主要是受制于西方的缘故。其次，国家丧失了在重点行业的主导地位。私有化政策摧毁国家集中管理的经济机制，造成国有资产大量流失，使国家丧失了对关键领域的把控权。非洲国家在独立初期，通过国家力量建立起一定的工业基础，在推行新自由主义之后，很多企业难以抵御市场冲击被迫私有化，国家财富被消耗殆尽。第三，经济增长缓慢，边缘化趋势加深。新自由主义的全球化进程加剧了非洲与西方国家的不平等关系，压制了产业升级，造成非洲经济发展中"失去的十年"。尽管近年来非洲对外贸易有一定增长，但非洲的出口仍以初级产品为主。截至2015年，联合国公布的最不发达国家共44个，其中非洲占31个，非洲与发达国家之间的差距正在越拉越大。第四，公共服务严重缺失，社会矛盾日益突出。国家干预能力削弱，限制了政府公共服务职能的发挥，使各项福利事业停滞不前，人民生活无法改善。2015年世界银行数据显示，非洲贫困人口在过去 25 年中增加了 1 亿，从 1990 年的 2.84 亿增至 2015 年的 3.88 亿。由贫困引发的一系列社会问题严重影响非洲国家的社会稳定。①

三、国家与市场关系的调整与互动

一是强化国家在经济发展中的作用，符合非洲各国国情，是推动非洲经济转型的必然要求。非洲经济结构单一，对外依赖性强，在国际竞争中的不利地位还会长期存在，难以应对全球化带来的挑战。后发国家要抵御国际市场的冲击，实现自主发展，必须依靠"有为政府"的积极干预来保护发展权益。尽管在新自由主义的大背景下，非洲国家重拾经济主导权的进程面临多重阻力，但当前的改革举措表明非洲已经迈出坚定的一步，国家力量在非洲经济转型中会持续发力。

二是国家与市场关系的调整在不同国家、不同历史阶段各有侧重，机械照搬别国经验难以取得成功。国家与市场关系的调整反映了一个国家经济社会形势的发展变化，应当与本国市场经济特点等具体国情相适应。一些非洲国家因照搬外国发展模式遭受重大挫折，而埃塞俄比亚、卢旺达等通过自主发展实现了经济的快速增长。可见特定经济模式的推行需要适当土壤，盲目借鉴他国经验难以实现持续发展。各国应当根据自身发展特点积极探索，只要有利于生产力增长、社会稳定和综合国力增强，就是适合本国的发展模式。

三是中国在处理政府与市场关系方面的实践探索和有益经验值得非洲国家借鉴。自改革开放以来，中国坚持实事求是，从实际出发探索符

---

① 驻肯尼亚使馆经商处：《非洲贫困人口数量较 1990 年增加 1 亿》，2015 年 10 月 28 日，见 http://www.mofcom.gov.cn/article/i/jyjl/201510/20151001148967.shtml。

合自身国情的发展道路，成功走出一条中国特色社会主义道路。中国在处理政府与市场关系方面的做法和经验对非洲国家有重要参考价值。党的十九大报告强调，中国特色社会主义道路、理论、制度、文化不断发展，"拓展了发展中国家走向现代化的途径，给世界上那些既希望加快发展又希望保持自身独立性的国家和民族提供了全新选择，为解决人类问题贡献了中国智慧和中国方案"。① 中国不"输入"外国模式，也不"输出"中国模式，不要求别国"复制"中国做法，而倡导各国交流互鉴、博采众长，不断探索并完善符合自身国情的发展道路。

---

① 习近平：《决胜全面建成小康社会，夺取新时代中国特色社会主义伟大胜利——在中国共产党第十九次全国代表大会上的报告》，人民出版社 2017 年版，第 10 页。

非洲努力改变在经济全球化中的边缘地位

非洲国家长期遭受西方殖民主义剥削压迫，在近代资本主义世界体系"中心—外围"结构中一直处于依附地位。尤其自 20 世纪八九十年代以来，在西方主导的经济全球化进程中，非洲的边缘化趋势更加明显。非洲国家深刻反思殖民统治及国际经济秩序对非洲经济产生的负面影响，积极谋求内源型发展、推进经济一体化进程、开展多元经济外交、积极参与全球经济治理，力图走出一条摆脱对西方国家"单向依附"的自主发展道路，推进构建公平正义、合作共赢的国际经济新秩序，分享经济全球化成果。

一、经济全球化进程中非洲的边缘化地位更趋凸显

20 世纪五六十年代，非洲国家纷纷摆脱殖民统治、赢得了政治独立，但殖民地经济没有得到及时和根本性改造，经济社会未走上正常发展轨道。八九十年代以来，由西方大国主导的经济全球化进程，使非洲国家的边缘化趋势更加凸显。目前，非洲 GDP 总量占世界总量的比例

不足 2%，较独立之初无根本性改变。① 从内部原因来看，非洲国家经济社会发展水平低、资金匮乏、产业水平落后、内部经济一体化程度低以及经济政策上的失误等，使非洲在与西方发达国家的竞争中处于极为不利的地位。从外部原因来看，西方发达国家利用全球体制、规则的主导权对非洲进行"新殖民主义"剥削，导致非洲国家依附性和边缘化程度进一步加深。

（一）西方发达国家操控国际贸易体制，固化非洲在全球经济体系中的底层位置。长期的殖民统治使非洲国家经济结构呈现单一性和依附性的特点，生产和出口某种或若干种农业经济作物或几种矿产品，生活消费用品几乎完全依赖进口，以出让资源和提供市场的方式参与到国际经济分工体系中。② 在经济全球化进程中，西方发达国家利用其对国际贸易体制和规则的主导权，进一步强化对非洲的剥削。一是垄断世界商品进出口定价权，抬高非洲所需的生活用品和工业产品价格，压低世界市场的原材料价格，进行不平等交易；二是要求非洲进一步开放市场，实行经济自由化、私有化，大量外国商品涌入，使非洲弱小的民族工业难以自保；三是对出口农产品实行高额补贴，以人为低价销售击败竞争，严重冲击了非洲农业；四是构建非关税壁垒，通过强化卫生检疫、植物入境控制及建立原产地规则等，使其对非关税减免的优惠措施所带来的利好消失于无形。随着经济全球化的深入推进，垂直性的国际分工体系更趋固化，严重阻碍了非洲发展制造业、实现工业化的努力。1981年非洲制造业占 GDP 比重为 15%，到 2016 年下滑至 10.6%。工业化的缓慢发展导致非洲在全球经济中的地位不升反降，非洲作为西方国家的原料产地和产品倾销市场的依附性经济地位没有根本性改变。

---

① 凤凰国际：《全球 GDP 总量达 74 万亿美元，各国占比排行榜公布》，2017 年 2 月 24日，见 http://finance.ifeng.com/a/20170224/15214241_0.shtml。
② 李智彪：《非洲经济多元化须立足一体化》，《中国投资》2016 年第 9 期。

（二）西方发达国家以跨国公司为新型掠夺工具，使非洲长期遭受新殖民主义剥削。殖民统治结束后，西方国家不甘放弃非洲丰富的自然资源和广阔的倾销市场，采取更加隐蔽、间接的手段继续实施掠夺，跨国公司逐渐演化为西方国家的新型掠夺工具。跨国公司作为经济全球化的主要载体，在实施其跨国经营战略时总是以自身发展利益为依据，其对非投资重点集中在资源型产业。当前，西方跨国公司掌控了大部分非洲矿产资源的开发经营权，事实上控制了这些国家的经济命脉。这些跨国公司既没有改善当地产业结构，也没有拓宽就业渠道，却造成当地严重的资源流失和生态破坏，还通过偷税漏税、谎报交易和走私等渠道，将大量利润从非洲大陆转移，窃取非洲经济发展成果。仅 2001—2010 年间，西方国家就从非洲攫取高达 4070 亿美元的财富，其中自然资源丰富的非洲国家损失最为严重。大规模的利润外流，使任何减少贫困和刺激经济的努力都付诸东流，导致非洲陷入"有增长无发展"的困局。

（三）西方发达国家长期操控国际经济金融机构，弱化非洲国家经济发展自主权。非洲国家经济基础薄弱，发展资金匮乏，长期依靠国际援助和外国贷款。西方国家利用自己的优势地位，操纵国际经济组织的规则制定，在对非援助中附加苛刻政治条件，严重侵蚀非洲国家的经济主权。当今世界的主要国际援助机构很大程度上充当西方经济利益的代言人，所推出的一系列援助举措带有明显的干预性质，把对非洲的贷款、捐赠和债务调整与政策改革联系起来，非洲国家如要获得贷款或债务减免，必须按照既定程序进行经济改革，而这些改革方案大多没有对非洲国家的实际情况进行充分考量，存在极大的不适用性。① 由于国际经济组织掌控非洲国家发展计划的制定，自 20 世纪 80 年代起强迫非洲国家推行新自由主义，使非洲错过了根据本国国情自主发展国民经济的

---

① 钟伟云：《非洲在国际体系中的地位》，《西亚非洲》双月刊 2002 年第 3 期。

历史性机遇，并使部分非洲国家的决策者产生了路径依赖，无法提出有别于西方的发展战略，自主发展能力匮乏。

二、非洲国家力图摆脱在全球化进程中的边缘化位置

经过长期的反思与实践，非洲国家对待经济全球化的态度从抵触、否定转向面对、务实，坚持独立自主、趋利避害原则，把内源型发展与外向型发展相结合，努力与外部世界建立"相互依存"的良性互动关系，积极探索摆脱依附、"去边缘化"的路径和方略，谋求在融入全球化的进程中获取更大发展空间。

（一）重视"内源型"发展，以多元化经济减少对外依赖。非洲国家深刻意识到依靠资源开发和出口需求驱动的单一经济结构是制约其经济发展的最大问题，因此力图逐步改变依附性的外向型经济，将内生发展、外向出口发展和有选择的进口替代发展战略相结合，大力推动产业结构调整和经济多元化。一方面，把发展的立足点放在自身，强调发展的内源化，重视职业培训、人才培养，大力发展制造业，力争生产能力多样化，改变生活消费品完全依靠进口的局面。另一方面，注重根据自身的资源禀赋结构，充分利用丰富的人力资源和自然资源，发展符合本国比较优势的产业，出口用国内丰富资源生产的商品，增加产品附加值，将资源优势真正转化为竞争优势，以此促进产业升级、结构调整和经济发展。

（二）强调集体自力更生，推进区域一体化进程。非洲国家日益认识到，只有加强联合自强，加速经济一体化进程，以经济区域化和集团化应对全球化，才能减少对外部市场的依赖。自 1991 年非洲统一组织首脑会议签署关于分阶段建立《非洲经济共同市场条约》、决定推动非洲经济一体化以来，非洲国家向着建立非洲共同市场和非洲经济共同体

的目标不断努力。在内部贸易方面，随着关税减免和贸易壁垒的减少，2010—2013 年，非洲内部贸易增长了 50%，达到 610 亿美元。①2015 年非洲三大经济一体化组织签署自由贸易协定，宣告覆盖 26 个国家的非洲最大自由贸易区启动。在基础设施建设方面，蒙内铁路、本格拉铁路、拉姆走廊等交通项目为实现区域间的互联互通提供了先行条件。在人员流动方面，南共体、西共体、东共体、中共体等区域一体化组织已经实现成员国之间互免签证，有效推动了劳动力的自由流动。非洲区域经济一体化有助于整合非洲内部资源、发挥区域优势与合力，释放非洲整体发展潜力，在一定程度上增强了抵御全球经济风险的能力。

（三）开展多元经济外交，加大与新兴国家合作。非洲国家认识到，要想改变非洲在经济全球化进程中的困难处境，必须改变与外部世界的互动关系，变对西方国家的"单向依附"为与世界各国的"相互依存"。②非洲一方面积极调整与西方发达国家的关系，在援助、减债、投资上争得更多利好；另一方面更加注重与新兴国家在经济事务上的合作与磋商。新兴国家在资源、市场、资金、技术等领域与非洲国家具有极强的互补性，其发展路径和思维也更适合非洲国情，合作效果显著。21 世纪以来，非洲与中、韩、印等多个新兴国家建立了双边合作机制，并在不同领域展开密切合作。在与中国的合作中，积极承接"一带一路"建设，大力开展基础设施建设。与印度的合作侧重于科技研发，包括互联网建设和信息技术研发等。与巴西的合作则主要围绕热带农业、卫生、社会保障等领域展开。非洲与新兴大国的合作，提升了非洲国家自主制定发展政策的能力，有助于推动产业结构转型升级和经济多元化

---

① 姚桂梅：《非洲经济发展的理论与反思：阿明的依附论》，《西亚非洲》2014 年第 6 期。
② 曲晓丽：《贸易自由化助推非洲内部贸易》，《国际商报》2015 年 9 月 7 日。

发展。①

（四）积极参与全球经济治理改革，为参与全球经济创造公平公正的环境。非洲国家把不合理、不平等的国际经济旧秩序视为非洲得不到发展的重要原因，因此呼吁建设新型国际关系、增强非洲在国际经济金融机构的代表性，要求发达国家取消关税和非关税壁垒，加强官方发展援助力度，减免最穷国的债务。非洲的努力取得一定的成效，其立场和态度开始得到国际社会的关注和尊重。在推进国际机构改革方面，已有为数不少的非洲籍官员在国际货币基金组织、世界银行、联合国贸易和发展会议等重要国际经济组织中担任重要职务，对国际规则的议程设定和发展方向产生一定程度的影响。在参与国际规则制定方面，2015 年世贸组织通过了允许非洲国家免税、免配额向发达国家出口棉花的决议，被发展中国家称为世贸组织近 20 年来最为重要的成果。在调整南北关系方面，非洲通过美非、欧非、日非峰会等双边机制，向西方发达国家努力争取平等、互利关系定位，并向非洲提供更多的资金和援助。面对西方国家的逆全球化思潮，非洲国家以坚定的姿态反对各种形式的贸易壁垒，有效推动了经济全球化的深入发展。这些积极作为对于改变非洲国家在世界经济中的依附地位，推动国际经济秩序朝着更公正合理的方向发展具有重要意义。

---

① 中非合作论坛：《新兴大国对非合作比较》，2013 年 4 月 16 日，见 http://www.fmprc.gov.cn/zflt/chn/xsjl/xzhd_1/1/t1031530.htm。

埃塞俄比亚"民主发展型国家"的理论与实践

东部非洲大国埃塞俄比亚曾经历 17 年内战,当 1991 年埃塞俄比亚人民革命民主阵线(埃革阵,EPRDF)武装夺取国家政权时,埃塞俄比亚已濒临经济崩溃的边缘。但埃革阵执政以来,埃塞俄比亚实现了长期稳定发展,25 年来 GDP 增长 11 倍,成为东非第一大经济体,被誉为非洲崛起的新一极。埃革阵所践行的、与东亚模式颇有渊源的"民主发展型国家"(Democratic Developmental State)的独特发展道路也因此获得了外界的关注。

一、埃塞俄比亚"民主发展型国家"理论的主要内容

民主发展型国家理论是梅莱斯·泽纳维等埃革阵领导人立足埃塞俄比亚国情,并参考东亚"发展型国家"(Developmental State)① 模式所创建的,在理论上主要有以下五方面内容。

一是国家对自由市场经济的干预。自由市场经济是埃塞俄比亚的发

---

① 这一概念由美国学者查默斯·约翰逊于 1982 年提出,主要指日本、韩国、新加坡等充分发挥国家对经济的指导与管控职能,实现快速发展的模式。

展方向。但埃塞俄比亚处于欠发达阶段，经济社会发展滞后、产业竞争力低下、民众生活缺乏保障，还不具备实行完全自由市场经济的条件。埃革阵领导人强调，国家具有应对"市场失灵"的天然职能，因此必须充分干预，甚至在一些方面要替代市场，以有效避免自由市场的弊端。① 国家应弥补自由市场经济在基础设施建设和人力资源发展上的不足，也应给予银行、电信、能源等关键行业以有力扶持与保护，推动其成长壮大，确保国家独立自主和稳定发展。

二是对私营经济的培植和指导。私营部门在创造财富上具有独特优势，但存在逐利本性及与政府官员勾结、寻租的倾向。当前埃塞俄比亚私营经济发展的不成熟使这一问题更加突出。因此，国家与私营部门之间须形成良好的"公私合作关系"，由国家指导与监督私营经济的发展，并通过协商及奖惩措施确保其在国家主导的轨道上运行。这样将避免私营经济的弊端，有助于打造富有竞争力的私营部门和民族经济，实现国家领导下的快速、均衡和可持续发展。

三是奉行以农促工的产业政策。埃塞俄比亚考虑走类似于东亚国家的出口导向型工业发展之路，但其工业发展滞后，国民经济严重依赖农业，因此，应实行以农业为先导的工业化战略，在重点领域集中投入资源。一方面要优先发展农业，通过土地改革和农业转型改善农民生活，提升小农户竞争力，发展商品农业，为经济现代化打下良好基础；另一方面要通过工业、服务业发展及基础设施建设来创造就业岗位、增强企业竞争力、改善投资环境，最终实现向以工业为主导的国民经济的转型。

四是建立符合自身实际的民主。非洲一些国家民族、宗教问题

---

① Meles Zenawi, "African Development: Dead ends and New Beginnings", *Unpublished Paper*.

复杂，官僚机构腐败低效，众多外来模式无法落地、难获成功。非洲国家要走发展型国家道路，必须要解决民主问题。民主能够遏制腐败，提升发展规划的合理性及民众的接受程度。基于民主的多党制、联邦制、区域均衡发展及权力共享也能够使各群体均衡受益，有助于解决相关非洲问题，提升东亚模式对非洲的适用性。但民主应是非洲的自主选择，外部势力所强加的民主恰恰是非洲许多乱局的根源。此外，民主并不必然等同于政党轮替，也不排斥强党长期执政，瑞典、日本的强党长期执政就是例证。非洲国家农村人口庞大，凭借农民支持，执政党就能民主地长期执政。这有利于延续政策、推动发展、实现各界均等受益，也会进一步巩固执政党地位、深化民主。

五是有主导色彩的执政党。在埃塞俄比亚的民主发展型国家模式下，会出现一个"主导型政党"（Dominant Party），这既是发展的需要，也是政坛的现实。一方面，贫穷与落后是埃塞俄比亚的头号挑战，发展是压倒一切的任务。科学地规划、有力地落实需要有远见、有执行力，且能长期执政的强大政党。发展也需要在党和政府的领导下，充分团结、动员各界民众，建立一支强大的"发展大军"（Developmental Army）[1]。另一方面，虽然埃塞俄比亚致力于建设成熟的多党民主，但现阶段反对党发展滞后、力量薄弱，无力撼动埃革阵的执政地位。因此埃塞俄比亚尚不存在多党轮流执政的条件，埃革阵的独大是埃塞俄比亚的客观现实。但这又不等同于一党制，反对党可在宪法框架下合法活动。

---

[1] 指社会各界广泛参与的、致力于发展的全民性力量，由党、政府和民众三个部分组成。这是埃革阵事业长盛不衰、可持续、包容发展的关键。See Report of 9th EPRDF Congress，March，2013，p.8。

二、埃塞俄比亚"民主发展型国家"理论的主要实践

一是打造具有本国特色的政治体制。在埃革阵的引领和推动下，埃塞俄比亚已建立起议会制的多党政治体制，目前国内有 70 多个政党，迄今已举行五次多党选举。埃革阵通过多种方式与反对党保持对话、磋商与合作，引导其建设性参政，并积极引导社会各阶层参与公共事务、加入"发展大军"，成为发展的参与者和政府的支持者。埃塞俄比亚国内有 85 个民族，民族矛盾一度极为尖锐，是埃塞俄比亚长期动荡、贫困的重要根源。埃革阵执政后废止了前政府的民族歧视及强行融合政策，强调民族平等、平衡及国家多元化，并实行地方分权和民族自治的联邦制。根据埃塞俄比亚宪法，每个民族州均享有较高程度的自治权，甚至是脱离联邦的权利。埃革阵也比较强调区域均衡发展，重视对边远和落后民族地区的支持。此外，埃革阵十分注重自身建设，不断巩固自身在广大农村地区的优势地位，并积极扩大党在城市、新阶层及青年中的代表性。近年来大力推动新一代领导人全面接班，并出台财产申报等系列反腐倡廉措施，对海关、税收、司法等部门予以重点监控。

二是实行国家干预与引领下的市场经济。对经济的有力干预是埃塞俄比亚民主发展型国家的突出特征。政府实行较严格的金融、外汇管制，注重借政策工具维持宏观经济稳定。其向市场平价销售食品以缓解通货膨胀压力，而非放任货币贬值的做法被外界称作"梅莱斯经济学"。政府对电信、铁路、航空、能源等关键行业予以有力保护，或由国有企业垄断经营，或对私人、外国投资进行严格限制。2010 年和 2015 年，埃塞俄比亚政府先后制定并实施两个五年"增长与转型计划"，以此作为经济发展与社会进步的纲领。埃塞俄比亚政府认可中小私营企业的作用，注重通过优惠政策引导它们进入工业、基建等政府划定的优先领

域。政府注重扶持与其密切合作的私营企业，鼓励它们在国家主导的框架下盈利、壮大，同时对其进行有力监督与约束，打击偷税漏税、官商勾结等非法行为，防止私企无序竞争、扰乱市场。埃塞政府十分重视自身对于民生事业的引领作用，将减贫列入重点工作议程，出台多个减贫战略文件，扶贫发展支出占 GDP 的 13%，并不断加大对教育、医疗卫生等民生领域的投入。针对近年来逐渐凸显的城市民生挑战，政府上马了多项供水、供电、交通和住房工程。

三是实施以基建和工业化为重点的产业政策。在基础设施建设方面，埃塞俄比亚政府高度重视基建对经济发展的拉动作用，集中资金投入铁路、公路、油气开发、通信、发电和输变电等大型项目，努力破解发展瓶颈，与地区邻国实现基建互联互通，基建投资在 GDP 中的比例超过 10%。在工业方面，埃塞政府视工业化为发展和富强的必由之路，立足本国禀赋，大力发展皮革、纺织、工程建筑等劳动密集型制造业，推动人力资源发展，创造就业岗位。建设工业园、吸引外资、向工业为主导经济的转型成为近年来埃塞俄比亚政府的工作重点。当前实施的第二个"增长与转型计划"中有 59.1%的产业发展资金投向工业。在农业方面，政府重视农业的基础作用，积极通过推广新技术、发展高附加值农业、鼓励私人及国外投资等方式推动农业转型与现代化，从而推动减贫，确保粮食安全，并为工业发展提供保障。在对外合作方面，埃塞俄比亚政府重视利用外部资源，努力发展外向型经济，扩大对外出口，筹集建设资金，并积极争取援助、减债、贸易等方面的国际支持。

三、埃塞俄比亚"民主发展型国家"取得的实践成就

在近年来的实践中，埃塞俄比亚的民主发展型国家道路已取得显著

的发展成就。埃塞俄比亚长期在全球经济增速中名列前茅，近 13 年来实现 10.6% 的年均增速，2015 年 GDP 已突破 620 亿美元。在基础设施建设领域的成就尤其突出，被誉为非洲典范。多个大型基建项目已经完工，高速公路、现代铁路、轻轨等多领域空白得到填补，基建也成为拉动增长的最大动力。工农业发展取得一定成效，农业年均增速超过 8%，成为发展与减贫的主要支柱。工业年均增速达 13%，投资潜力日益受到外界认可。近年来农业、工业对实际 GDP 增长率的贡献分别达到 38.8% 和 15.2%。经济发展也带动了民众生活水平的提升，人均国民生产总值已达 794 美元，贫困人口比例降至 23.4%，较 1996 年的 140 美元和 46% 有了显著改善。教育、医疗等领域的发展成效更加显著，母婴死亡率下降等已提前达到联合国千年发展目标的指标。

国内的安全稳定是埃塞俄比亚民主发展型国家道路所取得的另一大成就。在政治上，埃塞俄比亚政局长年稳定，埃革阵在国内政坛具有显著的主导地位，在五次大选中均以较大优势获胜，尤其是 2015 年大选中赢得了人民院全部 547 个议席。在安全上，国内长期保持着总体安全稳定状态，与周边一些动荡的邻国形成鲜明对比，也因此被誉为非洲之角地区稳定的基石。在民族问题上，民族间的矛盾较埃革阵执政之初有所缓和，民族区域自治原则受到大多数民众的认可与拥护，中小民族的权益也得到较好保护。维持民族平衡、推动各地均衡发展已成为政府出台各项大政方针的重要原则。

但与此同时，埃塞俄比亚的民主发展型国家道路仍面临着不少挑战。除了底子薄这一根本难题之外，周边邻国的长期动荡对埃塞俄比亚国内和平安全带来威胁，快速的发展与转型给埃革阵带来不少全新执政考验。政府基建投资过大加重了财政负担，对私营经济、对外开放的限制一定程度上影响了经济转型成效。2016 年年初以来，埃塞俄比亚部分地区连续发生数起较大规模的民众抗议乃至流血骚乱活动。目前局势虽已逐渐平静下来，但仍反映出埃革阵执政能力上面临的挑战以及埃塞俄比亚国内民族矛盾复杂难解的现实。有关媒体认为，埃塞俄比亚民主发展型国家模式的实践过于强调发展速度，普通民众从增长中受益程度较为有限的问题也在一定程度上暴露出来。

四、如何看待埃塞俄比亚"民主发展型国家"的理论与实践

第一，这一发展道路是埃塞俄比亚实际与发展型国家理论的有机结合。一方面，埃塞俄比亚的民主发展型国家道路不是被强加的，也不是对外来模式的生搬硬套，而是埃革阵基于自身理念的主动选择，同时进行了调整与改进，因此具有显著的立足本国实际的特点。如其联邦制就源于本国多民族现实。另一方面，这一发展道路吸收了发展型国家理论的精髓，除理论上的诸多类似外，近年来的实践中也出现了一些新动向，如加大了对私营经济、小微企业，特别是工业化的重视，这些都与东亚发展型国家相一致。因此，"民主发展型国家"既有东亚发展型国家的普遍性，又有埃塞俄比亚的特殊性，堪称"有埃塞特色的发展型国家"发展道路。

第二，该发展道路在埃塞的实践是成功的。不可否认，埃革阵仍面临着不少挑战。但这些挑战多源自埃塞俄比亚民族问题复杂、周边局势动荡等客观现实，或是与当前相对较低的发展水平有关。应该看到，无论是与埃革阵执政前纵向对比，还是与周边国家横向对比，"民主发展型国家"在埃塞俄比亚的实践成就是难能可贵的，也获得了外界的总体好评。总之，埃革阵立足自身国情和理念，在引进资本主义体制的同时进行了有针对性的改造，创建了独特的自主发展理论，并进行了全面、有力的贯彻，走出了一条有鲜明本国特色的发展道路。

第三，这一发展道路在非洲一些国家备受关注。"民主发展型国

家"道路结合了埃塞俄比亚实际与国外成熟发展理论，体系比较完备，在实践中已取得较显著的效果。未来一段时期内，只要埃塞继续保持稳定，其经济发展、社会进步的总体格局将得到维持，一些问题将逐步得到解决，民主发展型国家的实践成就也将进一步凸显。与此同时，在不少非洲国家仍在探索和调整发展道路的背景下，作为当代非洲一种理论特色突出且经历了实践检验的发展道路，民主发展型国家正受到非洲一些学界和政界人士的关注。鉴于埃塞地区大国的体量，随着其经济社会发展成就的不断显现，"民主发展型国家"在理论和实践上的影响也将进一步加强。

（本文原文发表于《当代世界》2017年第5期，收录时有修改。）

肯尼亚的经济发展之路

肯尼亚是东非地区经济较为发达的国家之一，被誉为本地区经济发展的"火车头"。肯尼亚原为英国殖民地，独立时经济落后并受控和依赖于宗主国，为其提供原料（主要是农产品）和商品市场，本国民族资本微弱。自独立以来，肯尼亚基本经济政策是发展国家指导下的混合经济，包括国有经济、私营经济、合营经济和合作社经济，同时鼓励外资。[①]长期以来，肯尼亚经济政策总体上保持连贯性，在经济发展速度、经济多元化和本土化等方面均取得显著成效。自独立后，肯尼亚经济发展主要经历以下三个阶段。

一、独立后的黄金发展期（1963—1978 年）

独立后，肯尼亚政府为促进农业生产持续增长，实行了切实可行的农业政策，将农业视为国家的支柱，置于优先发展的地位。农业政策的主要内容包括：第一，实行循序渐进的土地改革。肯尼亚政府继承了殖民后期的土地政策，即在一直由非洲人耕种的约占可耕地1%的地区，

---

① 高晋元：《列国志·肯尼亚》，社会科学文献出版社 2004 年版，第 165 页。

鼓励土地所有权私有化，替代传统的村社或集体土地所有制，土地流转通过市场进行。对移民的土地采取赎买政策，而非国有化，保存了已形成的发展水平较高的移民农业经济。土地改革改变了传统的土地占有形式，把很多土地合并成一批经营有方的农场，从而促进农业的规模化发展。肯尼亚实行的土地改革推动了农业的发展，取得了成功。第二，实行以市场为导向的农业价格体制。肯尼亚政府对农产品收购价格的制定依作物种类而异，政府不规定官方生产价格，而让市场来决定其两种主要出口农产品咖啡和茶叶的价格，但对主要粮食作物玉米的价格则严格控制，以保证经济作物生产。第三，扶持和发展小农经济。独立后小农户在农业中发挥着日益重要的作用。肯尼亚政府大力推动小农场种植咖啡、茶叶和园艺作物，使农业出现了新的增长点。①

肯尼亚政府为了发展民族工业，促进工业门类多样化的发展，允许多种所有制并存，将私人企业与政府参与指导结合起来，工业投资除政府公共投资外，鼓励私人投资和外国投资，在工业发展战略上推行进口替代工业发展战略，政府大量干预、参与并扶植工业，形成了有效的工业保护体制。政府的举措主要包括：政府鼓励投资工业，促进收支平衡；政府直接通过贷款、财政支持、投资和招商引资措施参与工业发展；对民族工业进行特殊保护和政府支持；为避免民族工业与外国竞争，建立高壁垒的保护性关税，限制进口，保护民族工业的发展。②

此外，肯尼亚于1964年颁布《外国投资保护法》，对外国投资进行保护。该法允许外国投资者按其资产比例汇出利润和红利，保证不无故征用外资企业。政府还给予外资以关税保护和对某些进口机器和原料免

---

① 陈令霞、张静芬:《东非三国——肯尼亚、乌干达、坦桑尼亚:缔造民族国家的里程》，四川人民出版社2002年版，第151—154页。

② 陈令霞、张静芬:《东非三国——肯尼亚、乌干达、坦桑尼亚:缔造民族国家的里程》，四川人民出版社2002年版，第154—155页。

税等优惠，以积极吸引外资和争取外援。同时，肯政府又通过一系列措施对外资加以控制，如经理非洲化、税收外汇管制和保护非洲人购买股权等。①

上述政策有力促进了肯尼亚经济发展，肯尼亚独立后最初 15 年的 GDP 增长率达 6.8%，一度被称为非洲经济发展的成功范例。在此阶段，肯尼亚农业实现了较快发展，增长率一度高达 6%。咖啡、茶叶和园艺作物出口大幅增长，成为出口创汇的主要产品。20 世纪 70 年代以来，肯尼亚茶叶出口量仅次于印度和斯里兰卡，居世界第三位。此外，肯尼亚逐步建立起包括各门类的工业部门，开始了工业化道路，工业发展速度及民族工业均取得了可喜的成就，成为东非工业最发达的国家，也是非洲工业发展较快、门类较齐全的国家。肯尼亚工业以中小型企业为主，受到技术资源，资本管理等限制而实力较弱，但制造业发展速度较快，结构也逐渐从简单的劳动密集型初级产品生产向复杂的半成品深加工生产发展。20 世纪 80 年代初，肯尼亚在联合国召开的最不发达国家巴黎会议上被列入中等收入国家。

二、经济结构调整后的经济低迷期（1979—2000 年）

自 20 世纪 70 年代末开始，受世界经济危机的影响，肯尼亚经济增速减慢。此后 20 年，经济增长率总体呈下降趋势。1980—1990 年，年均增长率为 4.2%。进入 90 年代后，经济（除 1995—1996 年外）明显滑坡。1990—1999 年的平均增长率仅为 2.2%。特别是 1997 年以来，因自然灾害和国际货币基金组织终止贷款，经济形势进一步恶化。1999

---

① 陈令霞、张静芬：《东非三国——肯尼亚、乌干达、坦桑尼亚：缔造民族国家的里程》，四川人民出版社 2002 年版，第 156 页。

年 GDP 增长率仅为 1.4%，2000 年更滑入负增长（-0.3%）。人均年收入由 1996 年的 284 美元降至 2000 年的 271 美元。同时，政府债务沉重，社会事业和贫困化问题有增无减。①

肯尼亚经济发展一度持续低迷的直接原因是世界经济危机和国际经济环境的恶化。但从根本上说，以农业为主的单一经济结构没有改变，制约了肯尼亚经济发展。此外，肯尼亚政府的政策和管理体制也存在一定弊端。而 20 世纪 90 年代的多党政治和国际援助机构多次停援也在一定程度上阻碍了肯尼亚的经济发展。

为了促进生产，吸引外资、外援和改善财经状况，肯尼亚政府于 20 世纪 80 年代初开始接受世界银行和国际货币基金组织的经济结构调整方案。根据世界银行和国际货币基金组织的建议和要求，肯尼亚政府断断续续地进行了一系列经济调整与改革，如在工业部门建立出口加工区，简化投资审批程序；在农业部门缩小国家管理局的经营规模，取消对肥料进口及其价格的控制；在贸易部门实行进口自由化，降低关税，促进出口；在财政金融部门加强税收管理，控制财政支出，改善对银行系统的监督和管理，逐步放松以至取消外汇管制，对外商开放金融市场，对国有企业实行私有化，等等。这些改革取得了一定成效，但有些改革却产生了副作用，如贸易自由化冲击了本国工业，增加了失业等社会问题。②

总体来看，世界银行和国际货币基金组织在肯尼亚实施的经济结构调整方案收效甚微。主要原因有：一是该方案以成熟的市场经济为参照系，以西方国家的经济运行规则为样本，与非洲国家的现实存在较大差异；二是方案仅局部着眼于经济、技术和贸易方面，忽视了肯尼亚自身

---

① 高晋元：《列国志·肯尼亚》，社会科学文献出版社 2004 年版，第 166 页。
② 高晋元：《列国志·肯尼亚》，社会科学文献出版社 2004 年版，第 167—168 页。

特性对政治、经济政策及其实施的影响和制约，如行政低效和腐败行为等。① 因此，结构调整方案无法解决肯尼亚存在的根本问题，也未能使其摆脱经济困境。

三、21世纪以来的经济恢复与增长期（2001年至今）

为扭转经济发展颓势和拉动经济增长，肯尼亚政府自21世纪初开始实行严格的宏观经济稳定政策，加大调整财政政策力度，实施积极货币政策，深化结构改革，力促经济保持较快发展势头。2008年肯尼亚政府正式启动《2030年远景规划》，提出优先发展旅游业、农业、服务业、制造业和批发零售业等重点产业，争取年均经济增长10%，到2030年发展成为新兴工业化和中等发达国家。2010年以来，肯尼亚政府降低存贷利率，发行政府债券，优先发展基础设施、信息技术、农业、水利等产业，进一步发挥农产品出口、旅游等传统行业优势，大力扶持中小企业，经济呈现较好复苏势头。2013年肯雅塔总统上台后，继续推动落实《2030年远景规划》，以实施蒙巴萨—内罗毕铁路等大型基础设施项目为抓手，带动整体经济发展。重视勘探开发油气等矿产资源，大力发展地热、水电、风能、太阳能等新能源和清洁能源，通过"百万英亩农田灌溉项目"激发农业活力，积极推动通信产业发展，推进工业化进程和经济转型，并于2015年出台国家工业化发展规划和经济特区法。

2001年以来，随着国际经济环境改善，肯尼亚总体经济形势企稳向好，经济止跌并开始复苏。经济增长率由1999年的1.4%增至2006年的6%，2007年增长率达7%。2008年，受大选骚乱以及国际金融危

---

① 参见周倩：《当代肯尼亚国家发展历程》，浙江师范大学非洲研究文库2012年版。

机影响，肯尼亚经济急转直下，2008 年和 2009 年增长率分别仅为 1.7%
和 2.6%。通过采取积极措施应对，2010 年以来肯尼亚经济明显好转，
呈现强劲复苏势头。当年，农业、工业和服务业增速分别达到 5%、
7.6% 和 4%，经济增长率为 6%。茶叶、咖啡、花卉等三大传统农业
创汇项目的产量和出口均大幅回升，其中茶叶总产量同比增长 27%，
创历史新高，出口创汇达 12.3 亿美元，居外汇创收行业首位。近年
来，肯尼亚经济保持较快增长势头，年均增长率均超过 5%，2015 年达
5.6%。据世界银行和国际货币基金组织等国际机构预测，肯尼亚未来
几年经济增长将提速，今后 15 年年均增长率有望超过 6%，将引领撒
哈拉以南非洲国家。

　　总体上说，在非洲国家中，肯尼亚属于经济发展较为成功的国家，
这与政府所实行的比较稳妥的、渐进的经济发展战略和经济政策密切相
关。自独立以来，肯尼亚发展战略是在政府的强有力干预下，实行以私
营经济为主的混合经济体制，允许多种经济形式存在和发展，在优先发
展农业的基础上，积极争取外援，注意吸引外资，同时积极促进民族工
业的发展。此外，经济发展政策多年来保持连贯性和连续性，也有利于
促进经济持续稳定增长。

"拉美陷阱"的成因及实质

　　20 世纪 30 年代开始，拉美国家推行"进口替代"战略①，发展本国制造业，推进工业化和农业现代化，强调政府主导作用，保护国内工业和市场，经济一度持续高速增长，但自 80 年代开始，发展陷入困境，至今仍徘徊在中等收入水平。有人称这一现象为"拉美陷阱"。当前，中国正处在改革发展关键期和全面建成小康社会决胜阶段，机遇与挑战并存。深入研究"拉美陷阱"的成因，可为我国提供重要启示。

一、"拉美陷阱"突出表征

　　一是经济低迷起伏。20 世纪 80 年代，拉美地区年均 GDP 增长率和人均 GDP 增长率分别为 1.2%、−0.9%，90 年代分别为 3.2%、1.4%。虽然 2003—2008 年有所恢复，分别达 4.8%、3.4%，但近年来又步入下行轨道，个别国家甚至发生严重经济危机。

　　二是发展能力下降。1980—2002 年，拉美地区 12 个主要国家全要

---

① 是指一国采取各种措施，限制某些外国工业品进口，促进本国有关工业品生产，逐渐在本国市场上以本国产品替代进口品，为本国工业发展创造有利条件，实现工业化。

素生产力增长的年贡献率，除智利为 1.5% 外，其余为零或负数。这说明，近 22 年来绝大多数拉美国家生产力出现持续下降趋势。2008 年国际金融危机爆发后，这一趋势更加明显。

三是社会分化严重。1980—2002 年间，拉美地区贫困人口从 1.35 亿增加到 2.14 亿，贫困率达 43%，基尼系数始终在 0.5 上下高位徘徊，普遍高于其他发展中国家。2002 年，占地区总人口 30% 的最低收入人口仅占国民收入的 7.5%，而占 10% 的最高收入人口却占国民收入的 40%。虽然近年扶贫减困取得成效，但至今仍是公认的贫富差距最悬殊地区。

四是政治社会动荡不安。20 世纪 90 年代后半期以来，拉美地区先后有 5 国的 6 位民选总统在民众抗议浪潮中被迫下台，阿根廷在 2001 年经济危机期间先后更换了 5 位临时总统；多国发生军事政变，个别国家总统被迫流亡国外。近年又发生巴拉圭、巴西弹劾总统事件。拉美国家普遍社会治安不靖，民众反政府抗议示威成为常态，有统计数据显示，世界 40% 杀人事件和 66% 绑架事件发生在拉美地区。

二 "拉美陷阱"的形成既有特殊历史根源，又有深刻现实原因

一是发展战略转型及经济政策调整延误与失误是关键原因。"进口替代"战略在促进经济长期快速增长的同时，也造就了国企部门的低效和腐败、国内经济无法对变化的国际市场作出迅速反应、工业制成品缺乏国际竞争力等严重消极后果。而农业科技化又因土地高度集中，不仅限制了中小农户的发展，而且将农村劳动力过快从农业部门排挤出来。20 世纪 50 年代后期一些结构性矛盾开始显现，70 年代初世界石油危机爆发加剧了有关矛盾，但拉美国家迟未进行相应战略调整。70 年代中期，结构性矛盾开始转化为结构性发展危机，非耐用消费品产能过剩导

致工业和整体经济增速下降，外贸失衡，产业升级面临资金技术与市场等多重限制，创造就业难度加大，食品与能源危机显现。此时，拉美国家才进行了一轮应急性战略调整，从一般性消费品进口替代为主转向耐用消费品和相关资本货物进口替代，从吸纳外国直接投资为主转向吸纳国际信贷为主，从政府直接干预经济运行为主转向市场调节为主，从向本地区内部市场开放为主转向向地区外市场开放为主，以负债方式继续推进"进口替代"工业化进程。但调整效果不彰，且外债负担急升。70年代后期，美联储货币政策紧缩，国际资本市场资金流向逆转，大宗商品价格下跌，导致80年代初拉美一些国家相继爆发债务危机，继而引发金融危机。

为应对债务、金融危机，自20世纪80年代开始拉美国家被迫接受"华盛顿共识"①，推行以私有化、市场化和自由化为取向的新自由主义经济改革，转向"出口导向"的外向型发展模式。由于大多数国家的改革是迫于国内经济危机和外部压力进行的，并没有对各种因素进行综合考虑而提出整体性、长远性方案，造成"去工业化"及政府在调节收入分配、维护国内市场秩序、保护民族产业等方面职能缺失，地区主要国家在90年代末至21世纪初相继陷入更严重的债务、金融危机，大量工业企业破产倒闭、失业人数增多、贫困人口增加，一些国家政局受到冲击。此外，新自由主义改革还进一步加深了拉美各国对国际资本、技术及市场的依赖。近年来，受国际市场需求疲软等因素影响，拉美经济形势恶化，多国出现经济危机，并引发政治社会危机。

二是经济社会政策失调、城市化超速发展是主要原因。战后数十年

---

① 是指20世纪80年代以来位于华盛顿的三大机构——国际货币基金组织、世界银行和美国政府提出的、指导拉美国家经济改革的各项主张，包括实行紧缩政策防止通货膨胀、削减公共福利开支、金融和贸易自由化、统一汇率、取消对外资自由流动的各种障碍以及国有企业私有化、取消政府对企业的管制等。

内，拉美国家单纯追求经济增长，一味强调"先把蛋糕做大""积累优先"，深信所谓"滴漏效应"①，设想在人均 GDP 达到 600 美元时，社会收入分配差距就会由不断扩大趋势自然转向逐步缩小趋势。然而，时至 2003 年拉美人均 GDP 超过 3800 美元，这一"拐点"依然没有出现，相反收入差距越来越大。21 世纪以来，伴随国际大宗商品价格高位运行，拉美国家国际收支状况明显改善，普遍加大公共投入，实施各种社会计划，着力通过二次分配促进社会公平。这种重分配、轻积累的政策不仅耗费了国家大量资源，忽视自主发展能力的提高，也忽视了经济发展的周期性特征，因而当国际大宗商品价格大幅下挫后，多数国家经济社会政策难以为继，陷入发展困境。

20 世纪 30—70 年代，拉美多数国家追求"福利赶超"，先后通过立法加强劳工保护，强化工会作用，推行社会高福利保障。该政策的实施，表面上使劳工利益和就业受到了保护，但导致劳动力市场弹性差、非正规就业增多、贫富分化加剧、政府财政负担加重等问题。80 年代，地区国家纷纷推行社保体制改革，建立不同形式的养老基金，向私营部门开放医保体系，实施社会救助政策等。这些改革虽对繁荣资本市场和促进经济增长起到一定作用，但也造成社会各阶层享受权益不公、贫富差距扩大、社保覆盖率萎缩等后果。

战后至 21 世纪初，拉美的城市化发展迅速，2000 年地区城市化率达到 78%，在第三世界名列前茅。由于城市化速度超过工业化，大量城市居民就业不足，加剧了贫困化问题。1990 年拉美贫困人口绝对数量比 1980 年增加 6130 万，其中城市占 94.5%。拉美国家长期实施鼓励

---

① 指在经济发展过程中并不给予贫困阶层、弱势群体或贫困地区特别的优待，而是由优先发展起来的群体或地区通过消费、就业等方面惠及贫困阶层或地区，带动其发展和富裕，或认为政府财政津贴可经过大企业再陆续流入小企业或消费者之手，从而更好地促进经济增长的理论。

自购住宅政策，忽视提供公共保障性住房，在城市人口呈爆炸式增长过程中，住房供给短缺，造成城市周边贫民窟不断扩大。由于地区国家政权更迭频繁，政府的城市化政策缺乏连续性，也没有更多精力去关注和解决城市中的问题，使得城市贫民难以融入城市发展进程，非正规就业率、文盲率、贫困人数不断上升，城市污染、交通堵塞、治安混乱、犯罪率上升等"城市病"日益突出，严重影响经济社会发展。

三是政治民主化"水土不服"、腐败盛行是重要原因。20世纪70年代末拉美国家掀起民主化运动，普遍建立文人政府，照搬发达国家多党制、代议制，民主制度徒有其表，政府政策缺乏连贯性，执行力低下。八九十年代，传统政党面对严重的经济社会问题束手无策，加上腐败问题严重，声誉扫地。21世纪以来，地区政治力量普遍呈"碎片化"趋势，民粹主义大行其道，朝野争斗、左右对立现象严重，民众抗议游行此起彼伏。此外，数十年来，地区政局在左右间"钟摆"不定，成为经济社会发展的重要"不稳定"因素。西方民主制度并没有给拉美国家带来政治稳定、社会凝聚和经济繁荣。

拉美国家大多法制不健全，加上政府更迭频繁，政党"轮流坐庄"执政，腐败现象严重。2010年，拉美地区26个主要国家中，只有6国的清廉指数在5以上，其他20国均腐败严重。腐败盛行导致政府公信力和施政效率下降，政党的执政合法性和执政能力弱化，成为影响经济社会发展的"毒瘤"。

三、"拉美陷阱"对发展中国家的几点启示

一是平稳有序高效推进发展转型升级。拉美情况表明，能否顺应内外形势变化及时主动推进战略挑战，是发展中国家避开发展陷阱的关键。发展中国家需注重创新，增强自主发展能力和国际竞争力，尽快

形成新的发展优势，不断提升科技自主创新能力，适时争取实现"弯道超车"。

二是处理好发展过程中的各种关系。拉美情况表明，国家现代化是一项复杂的系统工程，必须动态处理好系统的各种关系，全面协调推进。发展中国家在推动经济转型升级过程中应根据自身发展状况和内外条件变化，做好顶层设计，处理好政府与市场、积累与分配、公平与效率、增长与发展，以及城市化与农业现代化、对外开放与自主发展等各组重大关系，推动实现动态平衡。

三是做好保持社会稳定与推动快速发展的良性互动。拉美情况表明，保持政治社会稳定、提高执政党执政能力，是发展中国家顺利推进现代化进程的重要条件。发展中国家在此过程中需处理好稳定与发展的关系，以稳定为基础、以改革为动力、以发展为目标，同时又通过发展为稳定和改革进一步注入强劲动力，努力促成协调推进、良性互动的态势。

（本文原文发表于《当代世界》2017年第3期，收录时有修改。）

巴西跨越"中等收入陷阱"的三次尝试

　　巴西地广（851 万平方公里）、人多（2 亿），市场容量大，劳动力资源丰富；自然资源丰富，铁矿石、牛肉、蔗糖、咖啡、柑橘的产量和出口量均居世界第一，大豆产量与出口量居世界第二，玉米产量居世界第三，锰、铀、铝矾土储量居世界前列；工业基础雄厚，门类齐全，工业化水平较高，城市化率（80%）居拉美前列。巴西作为拉美最大经济体，拥有战略崛起、跨越"中等收入陷阱"的充分条件。自工业革命以来，特别是"二战"至今，很多国家都曾经达到中等收入水平，但是只有少数国家成功实现转型，进入发达国家行列，巴西作为拉美最有希望从发展中大国跃升为发达国家的代表，20 世纪中叶以来也曾三次尝试跨越"中等收入陷阱"，但都未成功突破。

一、第一次尝试：全面进口替代

　　20 世纪 50 年代之后，巴西将工业化作为经济突破的重心，试图以工业国产化替代进口。为此，创建了门类齐全的工业体系，兴建了钢铁、煤炭、矿业、飞机制造、石油化工等产业，成立包括巴西石油公司和淡水河谷公司这两大巨头在内的多家国有公司，推动经济高速增长。在

1968—1973 年"巴西经济奇迹"期间，年均增速达到 11.5%，1975 年人均 GDP 更是突破 1000 美元，1982 年人均 GDP 达到 2218 美元，远超当时的亚洲"四小龙"，巴西一度成为发展中国家工业化的"翘楚"。[①]

但是 20 世纪 70 年代后半期经济增速逐渐下降，到 80 年代初，增长周期戛然而止，到 80 年代中期债务危机期间，经济总量重新回到 70 年代，巴西第一次突破"中等收入陷阱"的尝试不幸失利，其原因细究起来有三个方面。

一是贫富严重分化压制社会内需。20 世纪 50—70 年代的经济腾飞，受益最大的是城市大企业主和农村大庄园主，减税、低息贷款等优惠政策帮助企业主和农场主大量聚集财富和垄断土地。由于缺乏普遍的劳工保护和社会福利体系，社会弱势群体的收入不增反降，城市贫民生活日益恶化，农村无地农民被迫前往城市，里约、圣保罗等大城市出现大片"贫民窟"。1972 年，52.5% 的巴西民众收入低于最低工资，直到 1980 年，仍有 73% 的农村家庭人均收入少于最低工资的一半，即使是在"经济奇迹"时期，饥饿人口仍占总人口的 67%。畸形的分配模式，使得大量经济产出得不到有效消费，导致生产萎缩。[②]

二是产业结构畸形。巴西不顾国内人口结构和产业水平实际情况，全面仿效欧美，一味追求高精尖，导致产业结构过于集中于高端制造业。巴西成为少数几个自主研制飞机、开展海上石油勘探、开发乙醇燃料、建设大规模汽车组装厂的发展中国家，却无法生产诸如电视机、自行车等生活必需品和电子产品。失衡的产业结构，一方面未能吸纳足够的劳动力，特别是城市新增人口；另一方面导致大量工业制成品滞销，但同时生活必需品量少价高，长期依赖进口。

---

① 郑秉文：绕过"中等收入陷阱"，实现历史性跨越，《上海证券报》2011 年 5 月 5 日。
② 苏振兴等：《巴西经济》，人民出版社 1983 年版，第 20—26 页。

三是债务高企。由于储蓄率长期处于低位，加之 20 世纪 70 年代国际市场美元过剩，导致巴西经济高增长所依赖的资金多来自国际借贷市场。特别是两次石油危机之后，巴西经济出现下滑趋势，军政府为强保高增速，不惜高息借贷。1979 年起，巴西三年借款高达 1000 亿美元。20 世纪 80 年代初美国三次提高利率之后，美元抽逃，促使巴西爆发"债务危机"，经济骤然衰退。1983 年人均 GDP 猛降至 1565 美元，重新跌回 1977 年水平，之后直到 80 年代末一直在 1500—1700 美元之间徘徊，"中等收入陷阱"始终未能跨越。①

二、第二次尝试：新自由主义之路

20 世纪 90 年代，巴西在经历 80 年代"失去的十年"之后，转而走上一条政府缩小化、经济市场化、贸易自由化、企业私有化、资源配置全球化的新自由主义改革之路。一方面，扩大对外开放，鼓励进出口，加强区域联合；另一方面，深化内部改革，淡水河谷公司、巴西电信公司、巴西航空公司等国有企业均被私有化，巴西国家石油公司也通过股份化改制变为公私混合制企业，并在国内外股票交易市场上市。

新自由主义改革为巴西经济持续增长、突破"中等收入陷阱"带来机遇。一是 20 世纪 80 年代债务危机和 90 年代初期高通胀所导致的宏观经济严重失衡局面得以改善，大量外资的进入缓解了债务压力，特别是"雷亚尔改革"之后，年通胀率从 90 年代前期最高时的 10000% 下降到 1995 年的 2%。二是关税大幅降低，国际贸易量大增，区域一体化飞速发展。三是通过金融改革实现利率市场化，金融流动性加强，金

---

① The World Bank Data Bank, https://data.worldbank.org/indicator/NY.GDP.PCAP. CD?locations=BR, 最后检索时间：2018 年 12 月 28 日。

融监管水平明显提高。四是经济主体基本私有化，释放了经济活力，解除了国企亏损带来的沉重负担。

巴西经济在 20 世纪 90 年代后期逐渐走出低谷，1998 年人均 GDP 攀升至 4400 美元，巴西再次面临跨越"中等收入陷阱"的契机。但是 1999 年巴西爆发金融危机，加上 2000 年后美国经济泡沫破裂以及 2001 年阿根廷经济危机的冲击，巴西经济重新回到低迷状态，2001—2002 年经济增速在 1%—2% 之间徘徊，人均 GDP 回落到 3000—4000 美元之间。

巴西此轮新自由主义改革的主要教训。一是跨国公司成为经济主体，国家的作用，尤其是中央政府干预经济的能力，遭到大大削弱，政府在利率、汇率、债务审批方面的权力被严重束缚，面对金融形势恶化、经济衰退趋势，缺乏有效的干预手段。二是忽视社会福利，一味强调自由竞争，过分注重市场和效率，忽视社会公平和普惠福利，巴西长期存在的贫富差距在大规模私有化过程中更加拉大。

三、第三次尝试：左翼社会福利主义

2003 年左翼卢拉政府上任后，充分利用世界经济整体增长、国际市场原材料价格上涨等外部因素，采取稳健务实的经济政策，推进财税改革，控制通膨和财政赤字，大力促进出口，鼓励企业增加生产性投资，内需不断扩大，经济转型取得良好效果。在 2008 年国际金融危机之后，巴西政府选择经济增长与收入分配同步推进，通过加大投资和刺激消费拉动经济增长，2010 年经济增速高达 7.5%。2010 年同为左翼阵营的迪尔玛·罗塞夫继任总统，延续卢拉政府的经济社会政策。

2003—2013 年，巴西经济平均增速 4% 左右，成为新兴大国中的"耀眼新星"。2011 年，巴西 GDP 总量达到 2.4 万亿美元，超过英国成为全球第六大经济体，人均 GDP 达 1.2 万美元。更为靓丽的是巴西的社会发展成就：通过"家庭补助金"计划、最低工资制度等政策，十年间创造 1200 万个就业机会，家庭平均收入增长 30%，3600 万巴西人脱贫，中学入学率达 90%，中产阶层人群增加 4000 万人。[1]

但是左翼政府没有抓住大宗商品繁荣的有利时机，及时推动经济结构调整和产业升级，导致经济内生动力不足。特别是左翼政府出于政治理念和选举需要，通过政府主导的收入再分配和超出财政承受能力的补贴政策，大幅提高社会福利水平，刻意加强就业保障。巴西人均 GDP 仅为发达国家平均水平的 1/3，但福利水平却同发达国家相当。超前福利导致宏观经济失调，债台高筑，政府财政不堪重负，生产性投入被过度挤占。

随着内部问题逐步积累、恶化，自 2013 年大宗商品价格持续走低之后，巴西经济走势出现逆转，消费、出口、投资"三驾马车"失速。2014 年经济仅增长 0.1%，并出现 15 年来首次外贸逆差，2015 年更是衰退 3.8%。伴随经济形势恶化的是民众就业和收入的降低，2014 年失业率增至 6.8%，2016 年继续攀升至 11.5%，2017 年更是升到 30 年来最高的 13%。[2] 与此同时，国内政治斗争持续激化，反腐败调查重创巴西朝野主要政党领导人，罗塞芙被弹劾，卢拉被判刑，巴西政治力量呈现碎片化趋势。面对复杂的政治、经济和社会局势，巴西跨越"中等收入陷阱"、步入发达国家的尝试再次受挫。

---

[1] Governo do Brasil, "Em 10 anos, Bolsa Família tirou 36 milhões pessoas da extrema pobreza", http://www.brasil.gov.br/cidadania-e-justica/2013/09/em-10-anos-bolsa-familia-tirou-36-milhoes-pessoas-da-extrema-pobreza，最后检索时间：2018 年 12 月 26 日。

[2] Agencia IBGE, "Desemprego recua em dezembro, mas taxa média do ano é a maior desde 2012", https://agenciadenoticias.ibge.gov.br/agencia-noticias/2012-agencia-de-noticias/noticias/19759-desemprego-recua-em-dezembro-mas-taxa-media-do-ano-e-a-maior-desde-2012，最后检索时间：2018 年 12 月 20 日。

拉美地区一体化进程呈"碎片化"

拉美地区的一体化理论和实践探索最早可追溯到拉美独立运动领袖玻利瓦尔提出的大陆团结、联合反殖思想及其建立西属美洲国家联邦的努力。[1]"二战"后拉美国家积极探索地区一体化,但由于国家间的现实利益和发展模式之争,以及外部力量的干扰,前进的动力与羁绊交织并存,地区一体化呈"碎片化"发展趋势。

一、拉美地区一体化起步早,发展曲折

"二战"后,拉美国家在联合国拉美经委会结构主义理论指导下,对内实行进口替代工业化战略,对外谋求通过地区一体化实现经济自主发展和政治独立。中美洲共同市场、拉美自由贸易协会、安第斯集团等组织先后成立,但地区一体化多为关税减让等贸易互惠安排。

20世纪80年代债务危机后,拉美各国经济进入长期停滞和衰退时期,地区一体化随之陷入停顿,各一体化组织内成员间贸易额和比重均

---

[1] 徐宝华:《拉美经济与地区经济一体化发展》,中国社会科学出版社2016年版,第29页。

出现下降。为应对危机，各一体化组织开始对原有条约进行修正，不再规定目标、期限，更多强调灵活性，主张加强双边合作和达成局部协议，成员国之间允许不同的协调方式。

20世纪90年代，全球化浪潮席卷世界，在拉美经委会"开放的地区主义"指导下，地区一体化再度活跃并取得实质性进展，一些目标更务实、规则更现代化的地区组织成立。南方共同市场(以下简称南共市)成立并迅速发展，6年内贸易额翻两番，① 中美洲共同市场建成自贸区，加勒比共同市场、安第斯共同体内部不断降低贸易壁垒，实现对外统一关税。

进入21世纪，经济全球化加速发展，在大宗商品价格上涨带动下，拉美经济进入新一轮增长周期，中左翼政党在多国上台执政，主张摆脱美国控制、治理新自由主义，相互加强政治协调，协力推进一体化。首个涵盖拉美所有国家并将美国排除在外的地区组织——拉美和加勒比国家共同体（以下简称拉共体）正式成立。南美国家联盟、南共市、美洲玻利瓦尔联盟、太平洋联盟等组织内联外扩，活动一度有声有色。但国际金融危机后，拉美经济陷入衰退，地区政治"右摆"，多国深陷治理困境，相互争斗加剧，地区一体化再遇挫折，进入新一轮调整期。

二、拉美一体化呈现明显的"碎片化"特征

一是组织分散交叉，缺少核心力量。拉美地区一体化组织众多，布局分散，低水平重复和交叉建设多，区域性或次区域性组织竟达20个之多，组织原则、既定目标、成员数量等各不相同。地区多数国家都是

---

① 许维力：《经济全球化条件下拉美地区经济一体化》，对外经济贸易大学出版社2014年版，第38页。

两个以上区域合作组织成员国，不同程度地参与多个一体化进程。不同一体化进程在目标设置、行为准则上的区别不但使地区国家在政治经济政策制定上存在矛盾，也使地区一体化发展方向和宗旨发生混乱。① 巴西、墨西哥、阿根廷是地区当之无愧的"三巨头"，但三国各有所图，相互之间关系复杂微妙。三国既无力独自扛起拉美团结大旗，又难以做到齐心协力、通力合作，地区一体化缺少"领头羊"和"发动机"。

二是合作内容广泛，经济议题主导。一是合作水平参差不齐。既有关税同盟、共同市场乃至自贸区，也有政治和安全合作组织。二是合作议题广泛。但实现经济发展仍是最主要目标，地区所有一体化组织均无一例外地包括了促进经济共同发展的合作条款。三是对外合作重点不同。美洲开发银行、拉美开发银行、加勒比开发银行等区域金融机构对美国依附性较强，中美洲国家组织在解决地区安全、移民等问题上长期接受美国援助，太平洋联盟四国面向亚太，与美国政治经济关系紧密。南共市极力展现不受美国牵制的独立形象，近年来积极推动南共市—欧盟自贸谈判。

三是两洋集团分化，双头驱动并进。受地理位置、发展基础及发展模式影响，两洋沿岸国家慢慢聚拢抱团，先后形成了地区最重要的两个次区域组织，即主要以大西洋沿岸国家为成员国的南共市和以太平洋沿岸国家为成员国的太平洋联盟。纵观 21 世纪以来拉美区域组织发展，拉共体虽覆盖面大、包容性强，但成员国协商一致的原则使其效率低下，进展缓慢，目前仍未完成机制建设。而南共市和太平洋联盟保持较好发展势头，对地区国家的影响力日益增强，安第斯共同体成员国接连"跳槽"加入两洋集团，哥斯达黎加等中美洲国家亦提出加盟意愿。两洋集团正逐渐发展成拉美一体化进程中最成熟和重要的平台，并以双头

---

① 李超：《拉美一体化的碎片化发展》，《经营管理者》2016 年第 3 期。

驱动的形式，共同带动地区一体化发展。①

三、拉美一体化"碎片化"既源于地区国家间利益和 发展模式之争，也同外部因素密切相关

一是国家间现实经济利益之争。早在独立战争时期，拉美国家已认识到加强地区团结的重要性，但加强一体化的愿望不断遭遇现实困难。拉美国家特别是大国一直以来在国际分工中所处地位和经济结构类似，经济互补性差，出口产品都主要是面向发达国家，同构竞争严重。② 国家间在政策协调、利益让渡等方面分歧较多。纵观地区一体化发展历程，当经济处于上升阶段时，地区国家间更易就加强合作达成共识，一体化步伐随之加快；而经济处于危机或衰退时，保护主义抬头，国家间经贸纠纷凸显，以邻为壑现象时有发生，地区一体化也会陷入停顿。

二是意识形态和发展模式之争。冷战结束以来，拉美地区一体化进程伴随着左右意识形态之争以及封闭与开放发展模式之争。当前，拉美一体化进程主要包括三个重要部分。中间立场的南共市、南美国家联盟、拉共体，开放程度较高、立场偏右的太平洋联盟以及左翼色彩浓厚的美洲玻利瓦尔联盟。近两年，随着地区政治格局"左退右进"，右翼重新在巴西、阿根廷等国上台执政，南共市、南美国家联盟和拉共体受到较大冲击。地区各国围绕涉委问题选边站队、互相攻讦，意识形态分歧和争斗加剧，破坏了地区合作的政治基础和氛围。拉共体、南共市等遭涉委议题"绑架"，演变成拉美左右双方博弈、对抗的"角斗场"。美洲玻利瓦尔联盟随着查韦斯去世、委政权岌岌可危，发展陷入困境。太

① 李超：《拉美一体化的碎片化发展》，《经营管理者》2016 年第 3 期。

② 参见温大琳：《当前拉美一体化进程中的主要制约因素》，《拉丁美洲研究》2013 年第 6 期。

平洋联盟的外向型发展模式使成员国普遍保持增长势头，经济增速和吸引外资数额等指标均高于拉美平均水平，随着地区政治格局转换，发展势头看好，吸引力不断上升。

三是拉美与美国对地区一体化主导权的争夺。美国从未放弃分化、控制拉美的企图，不会坐视拉美国家联合自强。历史上，美国就通过"门罗主义""争取进步联盟""华盛顿共识"等控制拉美。美国在与墨西哥和加拿大完成北美自由贸易协定谈判后，提出在 2005 年建立美洲自由贸易区的目标。但在建立美洲自贸区的时间、步骤、方式等问题上，美国同以巴西为首的南共市存在严重分歧。美国主张所有成员应以独立身份参加，意在分化和削弱拉美既有经济集团，以增强其主导地位，但巴西等国主张以已建立的拉美经贸集团为单位集体加入，要求美国首先取消对其农产品的补贴，最终导致美洲自贸区无果而终。美国遂采取分而治之的策略，通过签订双边贸易协定、区别对待地区一体化组织等方式，努力削弱拉美一体化进程。对反美色彩很浓的美洲玻利瓦尔联盟，美国直接打压；对持中间立场的南共市、南美国家联盟、拉共体等，采取措施分化和削弱；而对于和美关系密切的太平洋联盟，则积极支持。①

四、实现地区联合自强是拉美人的"百年梦想"

一体化增进了各国之间的理解和信任，提高了各国之间、次区域之间的经贸依存度，提升了整个地区的综合实力。但拉美国家彼此差异大，需求各异，很难认同单一的一体化模式，"碎片化"发展是地区

---

① 参见宋伟：《冷战后美国的拉美一体化战略》，《世界经济与政治》2015 年第 12 期。

一体化的常态。拉美是21世纪海上丝绸之路的自然延伸①，中国和拉美"1+3+6"合作框架和"3×3"产能合作模式同"一带一路"合作一脉相承。中拉在产能合作、基础设施建设、互联互通等领域务实合作深入开展，并积极探索各种形式的贸易自由化便利化安排。同时，中拉合作是开放的，欢迎其他国家积极参与，共创合作、共享繁荣。

① 央广网：《习近平同阿根廷总统马克里举行会谈，强调拉美是21世纪海上丝绸之路的自然延伸》，2017年5月18日，见 http://china.cnr.cn/news/20170518/t20170518_523760658.shtml。

西方资本主义民主在南亚的发展及影响

南亚次大陆曾长期遭受西方殖民统治。南亚主要国家受此影响，独立后先后走上西式民主道路，建立了以三权分立、普选和竞争性政党政治为主要特征的西式民主制度。然而，这一制度实际运行效果不佳，导致政治无序、发展迟缓、社会对立等诸多"不适应症"。

一、南亚的西式民主，既是殖民统治的遗产，也是不同政治力量激烈斗争、相互妥协的产物

早在19世纪中叶，出于殖民统治的需要，英国开始将某些英式民主制度和规则移植到南亚殖民地，吸收当地上层精英参政，帮助建立印度国大党、穆斯林联盟等政治组织，扩大地方自治，断续进行了长达百年的"民主治理实验"[①]。印度、巴基斯坦（含今天的孟加拉国）、斯里兰卡等在争取民族独立过程中，各派力量提出多种建国方案，围绕国家结构和治理体系等制度设计进行过长期激烈斗争。甘地、尼赫鲁、真纳

[①] 参见玛丽、卡赞斯坦、斯密图、科塔里、乌代·梅塔：《印度的社会运动政治学》，载 [美] 阿特尔·科利编：《印度民主的成功》，牟效波等译，译林出版社2013年版，第299页。

等领袖人物，多有在英国留学生活经历，曾当选议员、参与殖民政府、牵头组织地方自治政府，熟悉英式民主的运作，对其有一定亲近感、认同感。他们主要依靠非暴力运动赢得领导地位，代表走中间温和路线的社会精英阶层，没有意愿也没有能力摆脱殖民统治遗留的影响。他们获得英国当局或明或暗支持，在与左右翼力量斗争中占据上风，主导完成了本国独立建国和制宪进程，较为一致地沿袭了英式民主框架，照搬了议会内阁制、多党选举制和司法制度、文官制度等。① 近年来启动政治转型的尼泊尔、马尔代夫、不丹，几经波折，也相继走上西式议会民主道路。其中，尼泊尔转制共和后各党派博弈复杂激烈，和平制宪进程持续十年之久，至今尚未尘埃落定。

南亚各国在独立建国或政治转型的特定历史时期，民众国家意识缺乏，党派众多，利益关系复杂。西式民主作为"舶来品"，提供了一整套类似"急救包"的解决方案，某种程度上满足了各国建国、转型或治理的现实需要。②

二、南亚国家的政治实践暴露出西式民主存在诸多 "先天不足"

首先，西式民主仅是少数人的民主。南亚国家的所谓"民主"，"不是沿着自然轨迹演化而成的"，而是"少数精英送给民众的礼物"，其精

---

① 参见林良光：《印度政治制度研究》，北京大学出版社 1995 年版，第 3—6 章、第 8 章。又参见苏密特·萨尔卡：《印度的民主：历史遗产》，载［美］阿特尔·科利编：《印度民主的成功》，译林出版社 2013 年版，第 25—51 页。

② 吉奥迪林德拉·达斯古普塔：《印度的联邦设计与多元文化的国家建设》，载［美］阿图尔·科利：《印度民主的成功》，牟效波等译，译林出版社 2013 年版，第 55—92 页。

英政治、家族政治特征十分明显。少数精英阶层玩弄"民主"于股掌之间，在政治舞台上呼风唤雨，国家政权和政党领导权在主要家族内部世袭传承或在家族间轮替。"在一个完全民主的体制下，封建的社会关系依然经久不衰。"① 研究表明，南亚各国一半以上的国会议员都有政治家族背景。相比之下，普通民众在政治发展进程中不断被边缘化，主要限于定期参与选举，投票后就进入"休眠期"，不可能通过选举得到真正实惠。

其次，西式民主仅是形式上的民主。西式民主的逻辑本质上是资本的逻辑，必然导致从根本上背离民生要义，理论与实践相脱离、内容与形式相对立、形式上平等与实质上不平等的鲜明对比是其典型特征。长期以来，南亚各国精英阶层和知识界视西式民主的理念和规则为圭臬，国家出台了大量保护公民民主权利的法律法规。普通民众则受主流意识形态蛊惑，乐此不疲地参与选举、辩论、游行示威等各式"民主狂欢"。然而，"民主"表象的背后是"走马灯"似的政府轮替和政策变更，是高居不下的贫困率、文盲率。大批民众生活在水深火热中。据统计，2005—2014 年期间，印度有将近 20 万农民因失地、贫困等自杀，每 10 万人自杀率为 1.4—1.8② 。有人尖锐地批判，"在一个以政治依附为基础的社会，民主和选举本质上是一种隐蔽的拍卖，其实际效果与民众期待注定是南辕北辙"。③

第三，西式民主是低效的民主。在其形成、发展和传播过程中，西

---

① [英] 爱德华·卢斯:《不顾诸神: 现代印度的崛起与发现》，张淑芳译，中信出版社 2011 年版，第 158 页。

② The National Crime Record of India Report. 转引自 Wikipedia: Farmer's Suicides in India，http://en.wikipedia.org/wiki/Farmer's_suicides_in_india。

③ Pratap Bhanu Mehta, "The Burden of Democracy", *New Delhi: the Penguin Books*, 2003，p.156.

式民主在治理制度设计上片面强调了权力的分割、制衡，严重削弱了国家的治理效能，将政治彻底"庸俗化"，消解了政治权威。受其影响，"弱政府、强社会"成为南亚各国治理体系的主要特征之一。无序的政治参与，过度的利益博弈，致使政党利益、家族利益被置于国家利益之上，造成政治碎片化。民主政治实际沦为动乱之源、发展之痛。孟加拉国国父拉赫曼曾喟叹，"选举和议会争论不决是贫穷国家支付不起的奢侈品，民主是一种缓慢地挥霍财富和发展机会的过程"。①

第四，西式民主是对抗性的民主。这一体制鼓励不同利益集团的竞争和对立，往往导致其为了一己之私、不顾国家发展大局。在南亚各国独立以来的政治实践中，"为了反对而反对"，彼此掣肘、相互否决、死缠烂打成为常态，极端情况下甚至造成政治体系停摆，不同利益集团的矛盾和对立激化，时常散发出浓厚的"血腥味"。有人一针见血地指出，西式民主将权力斗争公开化、合法化，实质是一个"政治陷阱"，使得发展中国家不同力量陷入恶斗，"就像是沙滩上的一桶螃蟹，每当有一只螃蟹试图爬出桶时，其余的螃蟹就会把它拽回去"。②

三、西式民主与南亚国家的历史文化、政治传统和现实需要脱节，在南亚政治实践中"带病运行"，表现出明显的"水土不服"和各种"不适应症"

一是"散"，消解了国家建构的努力，导致国家认同和凝聚力不足，缺乏权威。南亚国家历史上缺乏国家统一的传统和民族共同体意识。据

---

① Kamal Hossain, *Bangladesh: Quest for Freedom and Justice*, Oxford University Press, 2013, p.130.
② ［英］爱德华·卢斯：《不顾诸神：现代印度的崛起与发现》，张淑芳译，中信出版社2011年版，第259页。

统计，印度当前疆域范围，在过去 2000 多年里统一的时间仅有不到 1/3，陷入分裂的时间则长达 1000 多年。获得民族独立后，各国亟须加强国家建构，培育民众统一国家意识。然而，西式民主使得民众"对特定宗教、民族或种姓的忠诚高于对国家的忠诚"，关心小群体的利益甚于关心国家利益。各种分离主义、种姓主义、教派主义等借民主政治舞台不断滋生蔓延，大行其道，给各国统一与稳定带来严重影响。① 美国南亚问题专家兰特·普里切特认为，"南亚各国内部长期积压的苦难与压迫借助民主机制转化为一种动乱，各国事实上都已变成由无数相互倾轧的小团体组成的国家，内部矛盾重重，四分五裂"。印度次大陆民众传统上习惯服从权威，但在民主制度下，各国"像是头脑指挥不了四肢的国家，缺乏权威是致命伤"。②

二是"慢"，耗散了政府治理的动力，导致国力孱弱，发展迟缓，民生艰难。在西式民主制度下，多如牛毛的政党和派系斗争成为影响政府治理的顽疾。出于选票政治考虑，无论哪个政党上台，其公共决策只能在"民意的大海上"随波逐流，无法为国家发展指明长远方向和战略重点。政府受政党政治斗争羁绊，往往短命而孱弱，施政艰难，无法推进有实质意义的变革。政治人物遇到政策问题"总是紧迫的问题优先于重要的问题，策略上的成功优先于战略，获取资助优先于民众福祉"。据世界银行统计，1960—2003 年间，南亚地区 GDP 年均增长率仅 4.63%。1960 年印度人均 GDP 约 84 美元，与中国（约 89 美元）基本持平，2015 年仅为 1598 美元，为中国的 1/5③。联合国开发计划署公

---

① 参见 Pratap Bhanu Mehta，The Burden of Democracy，New Delhi: the Penguin Books，2003，pp.101–125。

② Lant Pritchett，Matthew Andrews & Michael Woolcock: *Buildina State Capacity*，Oxford Universify Press，2017，p.85.

③ 数据来自世界银行网站：www.worldbank.org/en/region/sar，并据此整理。

布的人类发展指数显示，印度次大陆过去 100 年里，减贫、就业、教育、医疗、人均寿命等领域的表现从全球范围看都是很糟糕的。[①] 印度被戏称为"按每年 1% 的速度缓慢进步"的国家。[②]

三是"乱"，加剧了政治社会动荡，政治衰败，贪腐严重，乱象丛生。西式民主运行过程伴生着军事政变、金钱政治、贪污腐败等。"民主选举"蜕变为赤裸裸的金钱大比拼，抑或成为多数人对少数人的暴政。西式民主没有给南亚国家带来稳定的政治局面，反而导致局势反复动荡。与金钱政治伴生的政治暗杀、街头暴力等违法犯罪频发，与选举政治有关的宗教冲突、种姓迫害等更是司空见惯。选举政治加剧了权力寻租和贪污腐败，导致社会矛盾不断积累激化，弱势群体处境艰难。

四、南亚国家在迷信西式民主的整体氛围下，出现了不少质疑声音和变革诉求

由于西式民主带来种种不适应症，近年来南亚很多有识之士质疑这种制度设计和发展进程，提出变革主张。一是认为民主是"舶来品"，缺少本土精神资源的支撑，强调应倡导"文化民族主义"，"在坚持民主价值观的同时，找到促进民族团结和国家统一的根本之道，推进国家建构"。[③] 二是反思民主与效率和权威的关系，强调民主既是一种价值追求，更是实现国家复兴、促进社会福祉的手段，强调应从更加务实的角

---

① 参见 UNDP: Shaping the Future: Asia-Pacific Human Development Report，2016，p.20。

② [英] 爱德华·卢斯：《不顾诸神：现代印度的崛起与发现》，中信出版社 2013 年版，第 256 页。

③ 参见 L.K.Advani, *My Country, My Life, New Delhi*: Rupa Publications，2008，pp.175–185。

度理解民主，更加重视民生和发展问题。这些反思在各国治理层面上已有所反映。印度总理莫迪、巴基斯坦前总理谢里夫等都主要是靠"发展优先"的口号上台。他们均强调国家已无法继续承受政治碎片化，呼吁朝野停止恶斗，协力为国家发展提供强有力的政治领导。莫迪强调举行"符合国家利益的议会选举"，以确保最大程度减少"竞选模式"对国家治理的影响，拟推动中央和地方选举同期举行，减少选举成本，释放出推进选举制度改革的重要信号。①

不过，政治制度领域的改革事关利益重新分配，绝非易事。南亚国家由于缺乏疾风骤雨式的社会革命，各国政治发展有明显的改良性、渐进性、滞后性。主流政党、媒体、智库及社会组织攀附在"民主"这棵大树上生长，视不符合西方意识形态的言论为异端，大加鞭挞，千方百计进行压制。预计在未来较长时期内，南亚各国仍将背负"西式民主之重"。

---

① 莫迪接受印度 Zee News 电视台和 Times Now 电视台专访讲话，2018 年 1 月 18 日。

冷战后日本的内阁支持率与"塔西佗陷阱"

所谓"塔西佗陷阱",是古罗马历史学家塔西佗提出的一个著名理论。通俗地讲,就是指当政府部门或某一组织失去公信力时,无论说真话还是假话,做好事还是坏事,都会被认为是说假话、做坏事,受到负面评价。[①] 在日本,内阁支持率是衡量政府公信力的重要指标。从日本历届内阁的支持率看,均不同程度地存在"塔西佗陷阱"的困扰。本文仅从冷战后日本内阁支持率的变动,来尝试分析内阁支持率与"塔西佗陷阱"之间的关联,并探寻出现"塔西佗陷阱"的原因及日本政府为提升内阁支持率、改善"塔西佗陷阱"所采取的措施。

一

冷战后至今短短20余年,日本前后共有15位首相粉墨登场,累计20次组阁坐庄,这客观上反映了日本政局的不稳和民心的跌宕起伏,也是"塔西佗陷阱"较为典型的时期。总体看,其间内阁支持率呈现以

---

① 学习小组:《习近平在兰考县委常委扩大会上的讲话》,2015 年 9 月 8 日,见 www. xinhuanet.com//politics/2015-09/08/c-128206459.htm。

下显著特点。

一是内阁支持率普遍高开低走。组阁初期国民对新内阁的种种承诺和政策宣示期待满满，支持率整体高企，但随着政策效果不彰或突发事件处置不当甚至爆发丑闻等，逐渐引发国民对现政权的不信任和反感，内阁支持率会很快滑入波浪式下降通道，其间虽有挣扎和反复，但最终往往都回天乏术，被迫走马换将。

二是支持率高低与内阁寿命长短密切相关。统计显示，在 15 位首相组建的 20 次内阁中，平均支持率最高的是小泉内阁和 2012 年重新上台的安倍内阁，其任内的平均支持率都接近六成，创造了战后日本历届内阁之最；平均支持率较低的有羽田内阁（约 30%）、村山内阁（约 30%）及森喜朗内阁（约 20%）等。同时，支持率与内阁寿命成正比，内阁支持率越高、越稳定，则其内阁维持的时间愈长，反之亦然。例如，上述羽田内阁、村山内阁、森喜朗内阁等都是典型的短命政权，小泉内阁、安倍内阁则都维持了五年以上的较长期政权。

三是内阁支持率迅速走低往往导致内阁倒台。2007—2012 年间表现得尤为显著，期间的福田内阁、麻生内阁、鸠山内阁、菅直人内阁、野田内阁，上台之初无不是意气风发，支持率高扬，鸠山内阁支持率甚至接近80%[1]，但都很快因诸多原因导致支持率迅速回落，跌穿20%的"倒台水域线"[2]，最终大多一年而终。

二

纵观冷战后日本内阁支持率下滑、"塔西佗陷阱"相对显著的时期，

---

[1] 《鸠山内阁支持率77%，仅次于小泉内阁，居历史第二高》，《每日新闻》2009 年 9 月 18 日。

[2] 《鸠山内阁支持率跌穿 20%》，日本时事通信社，2010 年 6 月 11 日。

不同内阁主政期间支持率下滑的主因不尽相同，但也存在一些不容忽视的共性因素。

在政治领域，政府特别是执政党集团金钱腐败频发，密室政治大行其道，是政权逐渐失去公信力的重要原因。1992 年 8 月，时任自民党副总裁金丸信私下收受佐川急便公司 5 亿日元政治献金案东窗事发，揭开了自民党内"问题政治献金"的潘多拉盒子，直接导致宫泽喜一内阁支持率由 54%跌穿 20%，民众对其政治不信任感显著上升，成为宫泽内阁下野的导火索。继任的细川护熙内阁同样再次受到政治献金问题困扰，勉强维持九个月后黯然下台。民主党执政伊始，有"民主党政权缔造者"之称的小泽一郎深陷政治资金丑闻，也给新生的民主党政权带来严重冲击。同时，冷战后相当长时间内，自民党内派阀政治当道，各派间通过私下利益交换决定重要事项的做法事实上取代了民主决策程序，密室政治频仍，甚至时常出现几个资深大佬就可以私下决定首相人选的局面。这种情况无疑更加重了民众对公权力的不信任感，厌恶政治、远离政治的气氛浓厚。

在经济领域，经济发展停滞，政府施策难见成效，民众对经济发展感到悲观失望，是导致政权公信力难以有效提升的决定性因素。20 世纪 90 年代初日本泡沫经济破灭后，经济陷入长期停滞局面。为刺激经济活力，日本历届内阁都无一例外地推出了大规模的经济增长战略，向国民展示推动经济尽快走出停滞局面的雄心，但绝大多数都是"雷声大、雨点小"，相关政策难以落实和见效。其间，民众对政府新政的期待感犹如过山车般大起大落，周而复始。曾经引以为豪的一亿国民都是中产阶级的"中流意识"逐渐淡去，面对热衷于争权夺利却对重振经济束手无策的执政集团，民众普遍对日本经济发展的现状和前景感到担忧，这种担忧慢慢就演变形成了"谁上台都一个样"的思维定式。

在社会治理上，突发事件处理不当，信息疏导不及时，信息公开滞后等政府社会治理功能的缺位和疏失，也进一步助长了公众对政府公权力的不信任。1995 年阪神大地震发生后，村山富市内阁反应迟缓，应对滞后，饱受社会诟病，暴露了日本官僚运行机制的机械呆板和危机管理机制的严重欠缺；同年 3 月，又爆发了"东京地铁沙林毒气事件"，造成多人伤亡，带来严重社会恐慌，村山内阁的社会管理能力受到严重质疑，内阁支持率显著下滑。2011 年，日本东北地区发生大地震并诱发海啸，导致福岛核电站部分机组发生核爆，造成严重核泄漏事故，菅直人内阁极力救灾，但在核污染信息披露上始终遮遮掩掩，含混其词，政府公布的信息与民众实际感受及从其他渠道获得的信息经常出现差异，甚至相互矛盾，导致民众对政府公信力产生严重动摇，内阁支持率一度跌至 14%，政府信用几近破产，最后黯然下台。

三

反观小泉内阁和安倍第二次上台以来，其内阁支持率都相对维持了罕见的高水平，"塔西佗陷阱"得到一定程度缓解。这固然是多种因素综合作用的结果，更与他们奉行民粹主义、善于迎合并操纵民意密切相关。小泉政治曾以"剧场型政治"著称，擅长抓住民众关注点做文章，博取眼球和高支持率；安倍则不断强化对媒体的控制，不断制造话题，转移焦点，主动影响和"诱导"民意，持续获得较高民意支持。

一是喊出重振经济口号，营造财富效应，增加国民对经济发展的期待和获得感。小泉打着改革旗号上台后，加速不良债权处理，推进规制改革和民营化，实行财政结构改革，实施了被誉为日本近代第三次大改革的"小泉改革"。经过五年改革，日本经济逐步复苏，并创造了战后最长的景气持续期。安倍第二次上台后，坚定推行"安倍经济学"，实施大胆的货币政策、机动的财政政策和以刺激民间投资为中心的经济产业增长战略。从目前效果看，"安倍经济学"推行以来，股价由不足万点猛升至近两万点，完全失业率也由4.3%下降至3%，民众不同程度地感受到财富效应，成为维持安倍内阁高支持率的重要原因。

二是加大反腐力度，增强领导人权威，谋求树立廉政形象。2005年，以日本牙医联合会政治献金丑闻为契机，小泉政权推动国会通过《政治献金规正法》修正案，规定政治献金往来必须通过金融机构进行，匿名捐款必须收归国库，以此来规范政治献金行为。同时日本还加入《国际反腐败条约》，对政治资金使用透明度提出严格要求，依法从重从严处罚各种腐败行为。小泉和安倍凭借超高人气，通过资金分配、人事任命等打破了自民党内长期存在的派阀壁垒，在增强个人权威的同时，客观上增强了执政集团的向心力和在民众中的威望。

三是操纵媒体，把控信息披露，掌握信息发布的权威性和主导权。小泉内阁注重强化媒体战略，一是增加媒体曝光率，建立每天两次的"贴身采访首相"制度，首相在第一时间就最新情况发表权威看法，传达权威信息；二是首相发言简短明了，力求迅速抓住听众，传达信息，获得共鸣；三是传统主流报纸和非传统行业报纸并重，最大程度扩大信息受众群体。安倍政权除继续加强政府信息发布频度外，还积极使用脸书（Facebook）、推特（Twitter）、连我（Line）等新社交工具，宣传政治主张，回应舆论，拉近与民众距离，抢占信息发布制高点和主动权。在日本媒体爆出的"安倍夫妇涉嫌介入贱卖国有土地"问题上，安倍组织力量轮番散布涉事理事长学历和履历造假、家庭主要成员品行瑕疵等信息，转移民众视线，努力平息媒体炒作。同时，安倍政权还推动出台《特定秘密保护法》，为控制部分特定信息的发布和散播提供了法律保障。

四是加强对媒体的监管和控制，及时打压"违规"媒体。安倍内阁对媒体采取怀柔和威压并用的手法，迫使媒体更好地为政权服务。一是注重与主要媒体高层人士建立良好关系，以此来影响舆论。统计显示，仅 2013—2015 年间，安倍就同主流媒体高层会面 60 多次。二是积极插手重要媒体人事任命，最突出的就是日本放送协会（NHK）会长籾井胜人和委员百田尚树，两人均与安倍有相同政治倾向。三是以法律名义打压"违规"媒体。2015 年，TBS 电视台主持人声称"安保法案违宪，媒体应为废止该法案不断发声"。自民党就以该言论违背《放送法》的公平报道原则为由向电视台发出要求公平报道的意见书，此后自民党公开批评并暗中运作，拿下了另两家电视台主持批判政府节目的主持人。此外，安倍还曾在国会点名批评特定媒体，令其他媒体噤若寒蝉，针对执政集团的负面报道显著减少。

五是抓牢话题制造权，实施脉冲式刺激，及时转移舆论焦点。小泉和安倍都是制造话题、操纵舆论的高手。小泉时代曾因罢免人气颇高的田中真纪子外相职务而导致内阁支持率骤降超过 1/3，遂即通过闪电式访朝大幅拉抬了支持率；在其当政期间，先后通过大胆启用年轻的安倍晋三担任自民党干事长、第二次访朝并成功促使 5 名被绑架人质回国、执着于邮政改革而提前解散国会举行大选等举动，使内阁支持率始终维持在较高水平。安倍则经常拿外交安保问题说事，譬如朝鲜、中国、南海航行自由等，人为营造紧张不安氛围，诱导和影响国内民众视线。

综上可见，冷战后日本内阁支持率的变动表明，虽然"塔西佗陷阱"现象偶有缓和，但总体上各政权都不同程度受到"塔西佗陷阱"的困扰；"塔西佗陷阱"的缓和与当政者极力煽动民粹主义，同时又强势打压和钳制媒体、操纵舆论密不可分，但这都没能从根本上扭转政权公信力下降的事实。

放眼欧美等资本主义国家，虽然都同日本一样大肆标榜民主、自由、人权的所谓"普世价值"以及三权分立的政治架构，但囿于资本主义依托资本、为资本服务的制度本质，必然导致以党争为代表的利益角逐制度化、常态化，普遍存在政府公信力下降、政局不稳、社会矛盾突出等尖锐问题。近年来发生在英美等老牌资本主义国家的一系列"黑天鹅"事件也佐证了这一点。应对"塔西佗陷阱"，治标固然重要，但治本方能有长效。从治本角度而言，唯有执政党和政府真正站在人民利益的立场，不断改善和提高人民生活水平和富裕程度，使人民在经济社会发展中有充分的获得感，执政党和政权才能真正赢得人民的全心支持和由衷爱戴。

责任编辑：曹　春　余　平

封面设计：汪　莹

图书在版编目（CIP）数据

当代资本主义动态 / 郭业洲 主编 . —北京：人民出版社，2019.9

ISBN 978－7－01－020415－4

I. ①当… Ⅱ. ①郭… Ⅲ. ①资本主义－研究－现代 Ⅳ. ① D033.3

中国版本图书馆 CIP 数据核字（2019）第 029525 号

当代资本主义动态

DANGDAI ZIBENZHUYI DONGTAI

郭业洲　主编

人民出版社 出版发行

（100706　北京市东城区隆福寺街 99 号）

北京汇林印务有限公司印刷　新华书店经销

2019 年 9 月第 1 版　2019 年 9 月北京第 1 次印刷

开本：710 毫米 ×1000 毫米 1/16　印张：14.75

字数：188 千字

ISBN 978－7－01－020415－4　定价：68.00 元

邮购地址 100706　北京市东城区隆福寺街 99 号

人民东方图书销售中心　电话（010）65250042　65289539